24,80 1/5

CHRISTINE LANGE

Freizeit mit Pferden

So wirst du sattelfest

SCHNEIDER BUCH

Die Deutsche Bibliothek – CIP-Einheitsaufnahme

Freizeit mit Pferden : So wirst du sattelfest /
Christine Lange. [Ill.: Claudia Wolfrath] –
München : F. Schneider, 1993
ISBN 3-505-04943-3
NE: Lange, Christine; Wolfrath, Claudia

Dieses Buch wurde auf chlorfreies,
umweltfreundlich hergestelltes
Papier gedruckt.

Frankfurter Ring 150, 80807 München

Titelfoto: Gabriele Boiselle
Umschlaggestaltung: Adolf Bachmann
Illustrationen: Claudia Wolfrath
Lektorat: Carola Nowak
Herstellung: Gabi König
Satz: FIBO Lichtsatz GmbH, München; 12' Garamond
Druck: Tiskarna Ljudske pravice, Ljubljana, Slovenia
ISBN: 3-505-04943-3

96 95 94 | 12 11 10 9 8 7 6 5 4 3 2

Inhalt

Wie alles anfing

„Komm, Kleiner!" lockte das Mädchen zärtlich. Scheu drängten sich die falbenfarbenen Pferdchen aneinander. Sie hatten die wilde Hetzjagd noch nicht vergessen, bei der die schreienden Zweibeiner sie vom Rest ihrer Herde abgeschnitten und in den Pferch getrieben hatten.
„Komm doch!" Der kleine stämmige Hengst mit der dunklen Stehmähne

gefiel Aika besonders. Er schaute ihr immer so neugierig entgegen, wenn sie morgens belaubte Zweige und Gräser innerhalb der Umzäunung auslegte.
„Schau mal, was ich für dich habe!" Vorsichtig bewegte sich das Fohlen auf das verführerisch duftende Grün zu und hangelte mit seiner Oberlippe nach dem Leckerbissen. „Braver Kerl!" lobte Aika und lachte, als das junge Pferd mit einem Blatt im Maul zu seinen Artgenossen zurücklief. Sie wußte, es würde wiederkommen, so wie gestern. Da hatte sie zum ersten Mal seine weiche Nase in ihrer Handfläche gespürt, und die dunklen Pferdeaugen schienen zu fragen: „Bist du mein Freund?"

Vielleicht hat die Freundschaft zwischen Menschen und Pferden auf diese Weise angefangen! Jahrhundertelang hatten unsere Vorfahren Pferde gejagt, um mit ihrem Fleisch den Hunger der Stammesgenossen zu stillen. Doch eines Tages mochte einer unserer Urahnen erkannt haben, welche ungeahnten Möglichkeiten ihm die Freundschaft mit einem so starken, schnellen Tier bot: Es konnte Lasten tragen und ziehen und sogar geritten werden! Riesige Entfernungen schienen zusammenzuschrumpfen, sobald man auf seinem Rücken saß und die galoppierenden Hufe Meile um Meile Staub aufwirbelten.
Mit Hilfe des Pferdes war der Mensch imstande, unbewohnte Landstriche zu besiedeln, auf Beutefang auszuziehen und sich benachbarte Völker zu unterwerfen. Ohne das Pferd hätte die Weltgeschichte vermutlich einen völlig anderen Verlauf genommen! Und in manchen Gegenden unserer Erde, vor allem in abgelegenen Landstrichen ohne ausgebautes Straßennetz, sind Pferde noch heute als Helfer und Begleiter unverzichtbar.

Pferde heute ... Wer sich über die Vielzahl der Rassen und Reitweisen in unserem Land freut, vergißt leicht, daß die zwei großen Weltkriege dem Pferdebestand in Deutschland gewaltige Verluste zugefügt haben. Daß es jetzt wieder beinahe eine halbe Million Pferde bei uns gibt, ist zum einen der Tatkraft der deutschen Züchter zu verdanken, zum anderen aber auch dem Mut einiger Pferdefreunde, sich unter den Rassen anderer Länder umzuschauen und sie nach Deutschland zu bringen. Das waren unter anderem kleine robuste Ponys, „bunte" Pferde in den herrlichsten Fellzeichnungen und solche, die die Gangarten Paß und Tölt beherrschen.
Neben den traditionellen Reitvereinen, deren Mitglieder sich vor

allem auf die Wettkampfteilnahme vorbereiten, entwickelte sich ein völlig neuer, faszinierender Bereich: das Freizeitreiten! Freizeitreiter waren die ersten, die sich für artgerechte Pferdehaltung einsetzten. Sie kämpften für mehr und bessere Reitwege im Gelände. Sie bewiesen, daß die Qualität anderer Reitweisen, beispielsweise des Western- und Töltreitens oder der Leichten Reitweise, neben der des „klassischen Reitens“ bestehen konnte. Vor allem gelang es den Freizeitreitern, viele Menschen zum Umdenken anzuregen, indem sie aufzeigten, daß Pferde keine lebendigen Sportgeräte sind, sondern echte Partner: Partner, deren Verhaltensweisen wir kennen und deren Bedürfnisse wir erfüllen müssen, um sicher und entspannt mit ihnen umgehen zu können.

Ein großer Teil unserer Freizeit mit Pferden spielt sich draußen in der Natur ab – dort also, wo die verschiedensten Reize auf uns und das Pferd einstürmen, wo wir heute Kälte und Nässe ausgesetzt sind und morgen Hitze und Wind. Unsere Ritte führen uns durch die Täler hinauf in die Berge, durch reißende Flüsse und an die Ufer von Seen oder an die Küste des Meeres. Wir möchten diese Ritte genießen und natürlich mit unseren Pferden gesund heimkehren. Dazu ist Rüstzeug ganz besonderer Art notwendig: nicht nur die richtige Ausrüstung für Mensch und Pferd, sondern auch das Wissen, wie man sich in den unterschiedlichsten Situationen korrekt verhält.

Dieses Buch möchte Mut machen – Mut, eines Tages aus dem Hallenviereck auszubrechen und mit Pferden und gleichgesinnten Reitern die stillen Seitenpfade zu erkunden, die es auch in unserer Zeit außerhalb der großen Städte überall noch gibt. Es zeigt genau, wie man Ängste überwindet, sich an neue Aufgaben wagt und lernt, mit Problemen umzugehen.

Wenn in diesem Buch immer nur von Pferden die Rede ist, sind natürlich sämtliche Rassen gemeint – die Zwerge genauso wie die Stockmaßriesen. Die wahre Qualität eines Pferdes hängt weder von seiner Größe noch von seiner Abstammung ab. Viel wichtiger ist all das, was wir Menschen in die Partnerschaft mit unserem Pferd einbringen: Liebe, Verständnis, Einfühlungsvermögen, Konsequenz und unendlich viel Geduld. Auch hierzu möchte dieses Buch einen kleinen Beitrag leisten.

Erst einmal richtig reiten lernen

Eine gründliche Ausbildung ist die Voraussetzung für sicheres Freizeitreiten

Reiten lernen – warum eigentlich?

Pferde üben auf uns eine große Anziehungskraft aus. Wir können an keiner Weide vorübergehen, ohne ein Pferd an den Zaun zu locken. Im Pferd finden wir einen Partner, der uns „Flügel wachsen läßt" – so zauberhaft formuliert es eine alte arabische Legende. Auf seinem Rücken fühlen wir uns frei, überwinden Entfernungen und Hindernisse und entdecken eine andere, stillere Welt abseits der Asphaltstraßen unserer Städte.

Der Pferdesport in all seinen Variationen führt unzählige Menschen unterschiedlichsten Alters zu einer riesigen Familie zusammen, innerhalb derer sie eigene Gruppierungen bilden: Voltigieren, Fahren, Dressur-, Spring- und Vielseitigkeitsreiten, Jagd-, Distanz-, Wander-, Western- und Gangpferdereiten. Die meisten Reiter befassen sich zu ihrer Freude und ohne großen sportlichen Ehrgeiz mit Pferden. Was nicht ausschließt, daß sie ihr und ihres Pferdes Können gern einmal bei einer Wettkampfveranstaltung vorstellen.

Um so weit zu kommen, müssen wir aber erst einmal sattelfest werden. Davon hängen Vergnügen und Sicherheit zugleich ab.

Die Suche nach der richtigen Reitschule

In Deutschland stecken mittlerweile wieder fast eine halbe Million Pferde ihre Nasen in Grasbüschel oder Futtertrog. Trotzdem braucht der so bequem erreichbare Stall um die Ecke nicht unbedingt der geeignete zu sein, selbst wenn er das *FN*-Siegel der Deutschen Reiterlichen Vereinigung, das *VFD*-Zeichen der Vereinigung der Freizeitreiter in Deutschland oder das *EWU*-Emblem der Ersten Westernreiter Union Deutschland trägt.

Die Qualität eines Betriebes hängt vom Pferdeverstand, vom pädagogischen Geschick, aber auch vom betrieblichen Know-how der Menschen ab, die ihn führen. Wichtig ist der gute Gesamteindruck: Ist die Anlage sauber, ordentlich, pferde- und menschenfreundlich? Oder wirkt sie wie eine ewige Baustelle mit Pferden, die vielleicht gar krank oder resigniert erscheinen?

Bei der Wahl des Reitbetriebs dürfen wir uns auch von unseren Augen leiten lassen. Er sollte einen freundlichen, gepflegten Eindruck machen

Unser wichtigster Partner, das Lehrpferd, muß auch von der Größe her zu uns passen. Eine gute Reitschule besitzt daher Pferde für Junioren ...

Heißgeliebte Lehrpferde

So gut wir uns auch am Boden oder auf einem Holzpferd vorbereiten können: Reitenlernen spielt sich vorrangig immer am und auf dem lebenden Pferd ab. Dabei ist es nur natürlich, daß wir anfangs Fehler machen – Fehler, die das Pferd deutlich an seinem Körper spürt! Viele Lehrpferde legen sich daher im Laufe der Zeit notgedrungen ein dickes Fell zu und stumpfen ab. Andere sind sensibler, ihre Nerven sind nicht so stabil. Sie werden schreckhaft oder setzen sich zur Wehr, wenn wir uns falsch verhalten.

Ist der Reitstallbetreiber ein wirklicher „Horseman", also ein echter Pferdemensch, so gestaltet er seinen Tieren das Leben so pferdefreundlich wie möglich. Er setzt auch nur solche Pferde ein, die den hohen Anforderungen des Lehrbetriebes gewachsen sind.

In unserer Reitschule sollten möglichst unterschiedlich große Pferde zur Verfügung stehen. Denn um wirklich reiten zu lernen, ist es wichtig, daß die Proportionen zwischen Mensch und Tier stimmen.

... und auch für die Allerjüngsten, die einen ersten Versuch starten möchten

Ein Blick auf die Haltungsform

Wenn wir uns in unserer Wohnung wohl fühlen, die Schule oder Arbeit uns Spaß macht und wir ab und zu so richtig ausspannen können, sind wir gesünder und leistungsbereiter. Dasselbe gilt auch für Pferde. Als Herdentiere der Steppe brauchen sie viel frische Luft, ausreichend Bewegung und die Nähe von Artgenossen, um gesund und zufrieden zu sein. Erfüllt der Betrieb, in dem wir reiten lernen möchten, diese Bedingungen? Oder hält er gar noch Pferde angebunden im Ständer oder 23 Stunden lang ausschließlich in der Box?
Die Pferde sollten sich mit ihren vierbeinigen Freunden nach der Arbeit in einem Paddock oder auf der Weide tummeln dürfen. Zufriedene Pferde sind sichere Pferde! Sie buckeln und scheuen seltener, gehen nicht so häufig durch und haben kaum Grund, einen Menschen zu zwicken oder nach ihm zu schlagen.

Wie sieht ein guter Unterricht aus?

Ein wirklich guter Reitlehrer denkt daran, daß viele seiner Reitschüler absolutes Neuland betreten: Sie sehnen sich nach Pferden, aber sie kennen sie kaum! Also führt er sie erst einmal behutsam an das Lebewesen Pferd heran, erklärt ihnen seine Bedürfnisse und

Von artgemäßer Haltung hängt die Zufriedenheit der Lehrpferde ab

Wie wirkt was? Wer an der eigenen Hand spürt, welchen Druck ein Gebißstück ausüben kann, wird die Zügel in Zukunft vorsichtig handhaben

Warum nicht auf dem unbeweglichen Baumstamm üben ...

Verhaltensweisen. Er zeigt ihnen, wie man mit einem Pferd umgeht, es putzt, füttert, tränkt und für die Reitstunde vorbereitet. Er läßt sie ausprobieren, wie und wo an Pferdekörper und Pferdemaul Sattel und Zaumzeug wirken, und übt mit ihnen vom Boden aus *am* Pferd, bevor sie *aufs* Pferd steigen. Und wenn sie dann oben sitzen, dürfen sie sich zunächst auf sich und die neue Bewegungserfahrung konzentrieren, denn das Pferd wird geführt und auf dem Zirkel longiert.

Später beim Gruppenunterricht ist es wichtig, daß die Reitschüler etwa den gleichen Ausbildungsstand haben.

Denn sonst fühlen sich die Anfänger überfordert, und die Erfahreneren langweilen sich! Natürlich hat jeder Schüler unter den Lehrpferden einen besonderen Liebling. Dennoch sollten wir möglichst viele verschiedene Pferde reiten, denn jedes bewegt und verhält sich anders.

Je abwechslungsreicher der

..., was auf dem schwingenden Pferderükken ein gutes Gefühl für Balance erfordert?

Es schadet keinem Reiter, sich auch als Fortgeschrittener hin und wieder an der Longe korrigieren zu lassen

Unterricht gestaltet wird, desto mehr profitiert unsere Sattelfestigkeit davon. Einen besonderen Beweis dafür, daß der Leiter einer Reitschule sich Mühe gibt, finden wir oft auch beim Blick auf das Schwarze Brett: Es kündigt Musikreiten an oder eine Reitquadrille, ein Kostümfest zu Pferd oder eine Sonntagsrallye.

Theorie muß gar nicht grau sein

Das Wort „Theorie“ trägt meistens den Beigeschmack von „langweilig“. Und obwohl eigentlich alles Wissen rund ums Pferd uns beim Umgang mit ihm ebenso wie beim Reiten weiterhilft, schaffen es manche Reitlehrer, diesen

Der Veranstaltungskalender eines Reitvereins verrät viel über Ideenreichtum und Abwechslung. Nicht jeder veranstaltet beispielsweise ein Kostümfest zu Pferd

Lernbereich tatsächlich öde im stillen Kämmerlein zu präsentieren. Dabei macht der Unterricht direkt am Pferd viel mehr Spaß!

Mit ungiftigen abwaschbaren Fingerfarben kann ein geschickter Reitlehrer einem geduldigen Lehrpferd Skelettteile oder Muskelgruppen aufmalen, so daß jeder Schüler bestimmte Bewegungsabläufe begreift. Eine Buchabbildung schafft das kaum. Gelerntes sollte sofort und wiederholt in die Praxis umgesetzt werden. Nur dann bleibt es im Gedächtnis haften! Es ist lehrreich und macht zugleich Spaß, die richtige Kraftfutterportion für ein bestimmtes Pferd auszurechnen, sie abzumessen und eigenhändig in die Futterkrippe zu schütten. Und kein Pferd braucht tatsächlich verletzt zu sein, damit wir lernen können, wie man einen Erste-Hilfe-Verband anlegt oder den Puls mißt. An solchen Kleinigkeiten erkennen wir sehr schnell, wie ernst ein Betrieb die gründliche Ausbildung nimmt!

Der Reitlehrer – mehr als nur ein netter Typ

Leider macht Kumpelhaftigkeit allein noch keinen guten Reitlehrer aus, auch wenn dem netten Typen mit dem ewigen Lachen auf dem Gesicht die Herzen aller zufliegen.

Ein guter Reitlehrer kennt und respektiert alle Pferde und ihre Eigenheiten ganz genau. Und ebenso kennen die Pferde ihn und können ihm vertrauen.

Je besser die Verständigung zwischen dem Reitlehrer und den Vierbeinern funktioniert, desto sicherer sind wir in seinem Unterricht aufgehoben. Wenn er seinen Reitschülern die Pferde zuteilt, berücksichtigt er deren Tagesform: Ist eines der Pferde heute mürrisch, ein anderes noch aufgedrehter als sonst? Hört man dagegen Sätze wie: „Gib dem Saubock eins mit der Gerte drüber!“, dann sollte man sich schnell auf Nimmerwiedersehen verabschieden. In einem solchen Stall werden Pferde wie ge-

Nicht nur erklären, sondern auch zeigen, wie man etwas richtig macht – das muß das Motto jeder Reitschule sein

fühllose Arbeitsmaschinen behandelt! Ein guter Reitlehrer dagegen hilft uns zum richtigen Zeitpunkt aufs richtige Pferd. Seine Kritik an unseren Fehlern kränkt nicht, sondern baut auf, weil er sofort erklärt und zeigt, wie man es besser machen kann.

Einzel- oder Gruppenunterricht?

Reiten, Pferdehaltung und Pferdesport machen meistens erst in der Gruppe so richtig Spaß! Im Umgang mit Pferden und beim Reiten kann man sich als Neuling von den Fortgeschrittenen allerhand abschauen. Und Gruppenunterricht ist gar nicht so anstrengend, weil der Reitlehrer sich immer auf einen Reitschüler nach dem anderen konzentriert.

Trotzdem lohnt sich hin und wieder eine Einzelstunde! Vor allem, wenn wir bestimmte Aufgaben angehen möchten, beispielsweise einen unverkrampfteren Sitz, eine Verbesserung unserer Zügelhilfen oder eine geschmeidigere Haltung über dem Sprung. Beim Einzelunterricht konzentriert sich der Reitlehrer nur auf einen Reiter und teilt ihm das am besten dafür geeignete Pferd zu. Man darf ohne Scheu sämtliche Fragen stellen, für die im Gruppenunterricht oft die Zeit fehlt. Allerdings ist Einzelunterricht anstrengend! Ein mitfühlender Reitlehrer wird daher wahrscheinlich eine Unterrichtsdauer von 20 bis 30 Minuten statt einer ganzen Stunde vorschlagen.

Ein erstklassiger Reitlehrer mit Pferde- und Menschenverstand ist ein wahrer Schatz, den jede Reitschule hüten sollte

Einzelunterricht stellt die beste Möglichkeit dar, bestimmte reiterliche Probleme ganz gezielt in Angriff zu nehmen

Was bietet die Reitanlage?

Freizeit und Sport mit Pferden eröffnen uns eine wahre Palette unterschiedlichster Beschäftigungsmöglichkeiten. Nicht alle Reitsportarten müssen sich in der von uns gewählten Reitanlage ausüben lassen können. Doch fürs Reitenlernen sollte mindestens ein solide eingezäunter Reitplatz vorhanden sein, dessen Boden bei jedem Wetter bereitbar ist. Eine geschlossene Halle muß nicht sein, ist aber bei schlechtem Wetter sehr angenehm. Arbeitserleichternd wirkt sich ein zusätzlicher Longierzirkel aus. Besonders hilfreich für das Gelände- und Gehorsamkeitstraining ist ein weiterer Bereich mit vielerlei Aufbauten für Geschicklichkeitsübungen und Reiterspiele. Im Idealfall gibt es für Eltern und Freunde ein trockenes Plätzchen, von dem aus sie zusehen können. Ein zusätzlicher Raum, in dem man nach der Reitstunde etwas trinken und sich ausruhen kann, macht eine Reitanlage fast perfekt. Unverzichtbar sind saubere Toiletten und Waschräume. Manche Betriebe, die auch Wanderreiter oder Urlauber aufnehmen, stellen sogar Schlafgelegenheiten und Duschräume zur Verfügung.

Auf einen Blick

Die wichtigsten Gründe fürs Reitenlernen:

- Tierliebe und Begeisterung fürs Pferd,
- die Vielfalt an Sportmöglichkeiten mit dem Partner Pferd,
- Freude an der Bewegung des Pferdekörpers und
- Liebe zur Natur.

Die Qualität einer Reitschule erkennen wir an:

- artgemäßer Pferdehaltung,
- menschenfreundlichen, arbeitsfreudigen, gesunden Lehrpferden verschiedener Größe,
- abwechslungsreichem Unterricht nicht nur auf dem, sondern auch am Pferd,
- einem hilfs- und gesprächsbereiten Reitlehrer, der seine Lehrpferde und Reitschüler gleichermaßen achtet und respektiert, und
- einer gepflegten, freundlichen Reitanlage.

Pferde ziehen uns magisch an, aber trotzdem fürchten wir uns manchmal vor ihnen. Den Umgang mit der Angst können wir lernen

Keine Angst vor der Angst!

„Ich muß vor der Mathearbeit schnell noch mal zur Toilette!“ Wir alle kennen Aufregung und Angst. Der Schauspieler empfindet Lampenfieber vor dem Bühnenauftritt. Gerät das Taxi zum Flughafen in einen Verkehrsstau, beginnt der Geschäftsmann darin zu schwitzen, obwohl er sich in den Sitzpolstern überhaupt nicht bewegt. Omas gutgemeinte Aufforderung, vor versammelter Familie etwas vorzusingen, treibt uns die Entsetzensröte ins Gesicht. Und kündigt uns der Zahnarzt mit ernster Miene an, die Behandlung würde „ein wenig unangenehm“, stehen uns in Sekundenbruchteilen alle Haare zu Berge. Wir haben Angst.

Häufig haben wir auch Angst vorm Reiten und vor den Pferden, die wir doch eigentlich sehr lieben. Warum? Bevor wir uns mit dieser Frage eingehend beschäftigen, müssen wir uns etwas ganz Wichtiges einprägen: *Angst ist normal!*

Ein hervorragendes Alarmsignal

Angst gehört zum Leben. Ja, sie sichert überhaupt erst das Überleben! Eine Gazelle, die furchtlos einem Löwen entgegenspringt, wird zur bequemen Beute. Ein Mensch, der locker quer über die Autobahn joggt, begibt sich in Lebensgefahr. Bei beiden ist der Überlebensmechanismus gestört. Angst mahnt zu Überlegung und Vorsicht, sie signalisiert: Gefahr!

Noch heute reagieren wir Menschen genauso auf Angst wie unsere höhlenbewohnenden Urahnen und genauso, wie alle Tiere es tun: Unser Körper schaltet von einer Sekunde zur anderen auf „Notfallfunktion“. Unsere Nebennieren schütten blitzschnell das Hormon Adrenalin in die Blutbahn aus, unser Blutdruck steigt, und unsere Muskeln werden optimal mit Sauerstoff versorgt. Unsere Pupillen erweitern sich, alle unsere Sinne sind geschärft, und unser gesamter Organismus macht sich bereit für den Kampf oder für die Flucht.

Die entgegengesetzte körperliche Reaktion ist der sogenannte Totstellreflex: Manchem Tier hilft er zu überleben, denn viele Beutereißer rühren tote Tiere nicht an. Und wir Menschen kennen das Gefühl, vor Angst wie gelähmt zu sein.

Warum machen Pferde uns angst?

Es ist ganz normal, daß ein Mensch beim ersten direkten Kontakt mit einem Pferd mehr oder weniger große Angst empfindet. Vielleicht öffnet gerade so ein einfallsreicher Vierbeiner selbständig seine Boxentür und marschiert unternehmungslustig geradewegs auf uns zu!

Was macht uns so aufgeregt? Ein Pferd ist keine Maschine, die man an- und abstellen kann. Es lebt und reagiert auf alles, was um es herum geschieht. Es ist meist größer als wir und auf jeden Fall um ein Vielfaches stärker. Von der Natur wurde es mit Verteidigungswerkzeugen, nämlich dem Gebiß und den Hufen, ausgerüstet, die es im Notfall geschickt einsetzen kann. All das macht uns anfangs angst, und wir fragen uns insgeheim: „Wird es uns etwas zuleide tun?“

Pferde begleiten uns Menschen seit vielen tausend Jahren. Sie wurden domestiziert, sind also Haustiere, die uns, wenn wir sie richtig behandeln, niemals nach dem Leben trachten. Indem wir uns klarmachen, daß unser Umgang mit ihnen auf Verständnis und Freundschaft beruht, können wir unserer Angst vielleicht die scharfe Spitze abbrechen.

Verständnis und Freundschaft sind die Grundlagen unseres Umgangs mit Pferden. Welcher Reiter träumt nicht vom glücklichen Gefühl vollkommener Harmonie mit seinem Pferd?

Wie können wir lernen, mit der Angst umzugehen? Ganz einfach: Wir „zerlegen“ sie in ihre Einzelteile, bis wir zum Kern vorgedrungen sind. Ein paar Beispiele: Jutta macht im Stall einen großen Bogen um den Wallach Askhan. Sie sagt, sie habe Angst vor ihm, weil er immer die Ohren anlege. Der Kern ihrer Angst liegt darin, daß Jutta fürchtet, gebissen zu werden. Oder: Der Reitlehrer baut während des Unterrichts in der Halle plötzlich ein paar Sprünge auf. „Oh, nein!“ tönt es ihm einhellig entgegen. Die Reitschüler fürchten, die ihnen bislang fremden Bewegungsabläufe über dem Sprung nicht bewältigen zu können und vom Pferd zu fallen. Ob wir Angst vorm Ausreiten haben oder davor, die Box eines fremden Pferdes zu betreten, ob wir uns davor fürchten, ohne Hilfe des Reitlehrers aufzusitzen oder das erste Mal ohne Steigbügel zu reiten – der Kern der Angst betrifft das Risiko, dabei in irgendeiner Form verletzt zu werden.

Leichtsinn muß nicht sein

Wer offen die Frage ausspricht, was beim Reiten und beim Umgang mit Pferden alles passieren kann, wird leider oft als Angsthase belächelt oder als Pessimist kritisiert. Dennoch verhindert gerade diese Fragestellung, daß wir leichtsinnig werden und Unfälle herausfordern.
Ein Sturz vom Pferd beispielsweise kann viele unangenehme Folgen haben. Vielleicht tun wir uns nur ein wenig weh und kommen mit Schürfwunden und Prellungen davon. Vielleicht tragen wir aber auch schwerere Verletzungen davon, angefangen bei der Bänderzerrung und dem einfachen Knochenbruch über die Gehirnerschütterung bis hin zu schwersten Wirbelsäulen- oder Kopfverletzungen, vielleicht sogar mit Todesfolge! Und auch die Angst vor Verletzungen beim Umgang mit Pferden ist begründet: Wir können gebissen oder getreten werden. Ein heftiger Stoß mit dem Pferdekopf kann uns gegen die Wand oder zu Boden schleudern, und beim Führen können wir mitgeschleift werden. Gleich, wie die Verletzung aufällt, sie wirkt sich auf unser Leben aus: Wir empfinden Schmerzen, müssen ärztlich behandelt werden, werden vielleicht sogar für längere Zeit ins Krankenhaus eingewiesen. Ein schwerer Unfall im Zusammenhang mit Pferden kann tatsächlich unser ganzes Leben verändern. Er hat Einfluß auf unsere schulischen Leistungen, zwingt uns vielleicht, einen anderen Beruf zu ergreifen, als wir uns erträumt hatten, und fesselt uns im schlimmsten Fall an den Rollstuhl.

Puuuuuhhh! Diese Aufzählung mindert Ängste nicht gerade, nicht wahr? Aber sie ist

Ein Sturz vom Pferd! Was hier so dramatisch aussieht, ging zum Glück glimpflich ab. Doch die Möglichkeit, daß wir irgendwann einmal eine spontane Bewegung nicht ausbalancieren können, besteht immer

wichtig, denn sie zeigt, daß unsere Angst überhaupt nichts mit Feigheit zu tun hat. Es ist vernünftig, sich bei jeder neuen Aufgabe nicht nur von der Begeisterung mitreißen zu lassen, sondern sich mögliche Folgen klarzumachen und zu fragen, was schlimmstenfalls passieren könnte.
Damit sind wir beim wichtigsten Punkt unserer Auseinandersetzung mit der Angst angelangt: Das Schlüsselwort heißt *schlimmstenfalls*!

Wer mehr weiß, hat weniger Angst!

All diese schrecklichen Unfälle müssen uns nämlich gar nicht passieren. Wir können uns sehr gut davor schützen. Wenn wir das begreifen, leuchtet uns plötzlich ein, daß wir in Wirklichkeit gar keine Angst vor dem Pferd haben, sondern eigentlich vor uns selbst! Wir befürchten, daß *wir selbst* auf das Pferd und seine natürlichen Verhaltensweisen falsch reagieren könnten. *Wir selbst* könnten die Kontrolle verlieren und uns plötzlich überfordert fühlen: im Sattel, wenn das Pferd sich schneller oder anders bewegt, als wir es in der Reitstunde gelernt haben, und neben dem Pferd, wenn es für uns unerwartet auf Umweltreize so reagiert, wie die Natur es in ihm angelegt hat.
Wenn wir den Spuren unserer Angst beharrlich folgen, führen sie uns zur einzigen richtigen Lösung hin: *Wir müssen mehr wissen!*

Eine alte Volksweisheit sagt: „Wissen ist Macht." Wissen verleiht uns die Macht, unser Leben besser und zugleich gefahrloser zu gestalten. Wer weiß, wie man einen Damm baut, kann sein Land vor den reißenden Fluten des Meeres schützen. Wer weiß, wie man einen Impfstoff entwickelt und herstellt, bewahrt Hunderttausende vor einer gefährlichen Infektionskrankheit. Und wer weiß, welche Bedürfnisse Pferde haben und wie sie sich in den unterschiedlichsten Situationen verhalten, kann die meisten Unfälle verhindern.
Ganz risikofrei wird der Umgang mit Pferden niemals sein – so, wie unser gesamtes Leben vom ersten Atemzug an Risiken ausgesetzt ist, auf die wir selbst keinen Einfluß haben. Denn vielleicht fällt morgen ein Blumentopf von irgendeinem Fenstersims auf unseren Kopf ...

Spaß beiseite! Jedes neue Element, das wir unserem Wis-

In vielen Situationen kann man das Verhalten von Pferden vorhersehen. Wer beispielsweise Pferde auf der Koppel oder im Auslauf füttert, provoziert Risiken

sen hinzufügen, reduziert die Angst vor Pferden und vorm Reiten.
Füttern wir beispielsweise freilaufende Pferde auf der Weide, so beginnen sie bald, sich um die Köstlichkeiten zu raufen. Wie leicht kann uns dabei ein Tritt treffen, der eigentlich nach einem Artgenossen zielte! Wenn wir wissen, daß Pferde futterneidisch sind, gehen wir ohne Würfelzucker in der Tasche auf die Koppel, um unser Pferd einzufangen. Jetzt sind wir für den Rest der Herde uninteressant. Wir brauchen keine Angst mehr zu haben, versehentlich getreten zu werden. Unser Wissen hilft uns also, gefährliche Situationen zu vermeiden und vermindert dadurch unsere Angst.

Lernen in Theorie und Praxis

Wirklich vermindern können wir die Angst nur, wenn wir nicht nur möglichst viel Wissen über Pferde ansammeln, sondern dieses Wissen auch anwenden. Und zwar regelmäßig! Dann durchlaufen wir auf dem Weg zu mehr Wissen und zu weniger Angst mehrere Phasen:

1. Wir stellen fest, daß uns etwas angst macht, weil wir nicht genug darüber wissen.

2. Wir versuchen, diese Wissenslücke zu füllen, indem wir unseren Reitlehrer, einen anderen fortgeschrittenen Reiter oder einen erfahrenen Pferdebesitzer fragen. Wir besorgen uns ein Fachbuch, in dem unser Problem angesprochen und seine Ursache erklärt wird. Wir besuchen Kurse oder schreiben die Redaktion einer Pferdefachzeitschrift an. Vor allem beobachten wir selbst so oft wie möglich, wie Pferde sich in den unterschiedlichsten Situationen verhalten, wie sie sich untereinander durch Körperbewegungen und -haltungen verständigen, was ihnen angst macht, wie sich diese Angst äußert – und ebenso, was sie entspannt und beruhigt.

3. Dieses neue Wissen wenden wir dann so häufig wie möglich an. Das bedeutet auch, daß wir angsteinflößenden Situationen nicht immer ausweichen dürfen. Wer zum Beispiel Angst vor dem Springen hat, aber nicht darauf verzichten möchte, im Gelände auch kleine Hindernisse zu überwinden, wird eines Tages allen Mut zusammennehmen und sich doch zum Unterricht melden müssen.

4. Und wir versuchen ständig, unser Wissen zu vergrößern. Freude an Pferden hört niemals an der Stalltür auf. Sie eröffnet uns buchstäblich eine neue Welt, denn wir reihen uns ein in die riesige Familie der echten Pferdefreunde. Unsere anfangs bescheidene Pferdebüchersammlung wird im Laufe der Jahre zu einer kleinen Bibliothek anwachsen. Wir besuchen möglichst viele Kurse und Freizeitreitveranstaltungen und befassen uns mit anderen Reitweisen. Indem wir so häufig wie möglich mit Pferden zusammen sind, können wir durch Beobachtung und Praxis immer weiter lernen.

Vorsicht oder Feigheit?

Angst ist normal! hieß es am Anfang dieses Kapitels. Das Angstgefühl macht uns darauf aufmerksam, daß wir in be-

„Das war ja gar nicht so schlimm!" Irgendwann muß jeder Reiter einmal ein geringes, aber kalkulierbares Risiko eingehen – wie diese Reiter beim Sprung ohne Sattel

stimmten Situationen auf der Hut sein und Risiken richtig einschätzen müssen.

Warum schieben viele Menschen dennoch das deutliche Warnsignal ihres Körpers brutal beiseite und gehen mit der Möglichkeit, vielleicht sogar schwer verletzt zu werden, leichtsinnig um? Ganz einfach: Sie schämen sich! Angst ist in unserer Gesellschaft ein Tabu – man spricht nur ungern darüber. Wer Angst zeigt, wird oft als schwächlich oder feige belächelt. Dabei wäre die Menschheit ohne das für ihr Überleben so wichtige Angstgefühl längst ausgestorben!

Man ist nicht feige, wenn man seine Angst vor einer bestimmten Situation, zum Beispiel vor dem Ritt auf einem temperamentvollen Pferd, offen zugibt. Ganz im Gegenteil: Man beweist seine Stärke! Denn der Instinkt, der uns vor Gefahren warnt, ist völlig intakt, wenn wir Angst verspüren. Unsere Stärke besteht darin, dazu zu stehen und das Kichern der Mitmenschen mit einem Achselzucken zur Kenntnis zu nehmen. Tatsächlich verbirgt sich hinter diesem hämischen Kichern der Neid darauf, daß ein anderer so viel Mut aufbringt, ein Risiko *nicht* einzugehen. *Es ist mutig, Angst zuzugeben!* Je mehr Menschen diesen Mut aufbringen, desto weniger durch Leichtsinn verursachtes Leid wird es auf der Welt geben.

Auf einen Blick

- Angst ist ein natürliches und wichtiges Alarmsignal.
- Unser Körper lügt niemals: Er drückt unsere Angst durch verschiedene Symptome aus.
- Jeder kann lernen, mit seinen Ängsten umzugehen, indem er sie „auseinanderpflückt“ und hinterfragt.
- Je mehr wir wissen, desto weniger Angst brauchen wir zu haben.
- Das nötige Wissen müssen wir:
  – erfragen,
  – erlernen,
  – anwenden und
  – erweitern.
- Wer Angst zugibt und riskante Situationen ablehnt, ist stark und klug.

Je verständnisvoller ein Pferd behandelt wird, desto sicherer wird es im Umgang und beim Reiten sein

Sicherheitsregeln – gar nicht so langweilig

Reiten macht Spaß, der Umgang mit Pferden bringt Freude – nur eines mögen die meisten Menschen dabei nicht: den mahnend erhobenen Zeigefinger! Sie betrachten Pferde ausschließlich als gute Freunde, von denen keinerlei Gefahr ausgeht.

Pferde *sind* oftmals gute Freunde. Aber trotzdem müssen wir, wenn wir uns mit ihnen beschäftigen, ein paar Sicherheitsregeln beachten. Denn Pferde sehen, hören, riechen und verhalten sich anders als wir. Je besser wir uns in sie hineinversetzen können, desto selbstverständlicher werden wir gefährliche Situationen vermeiden.

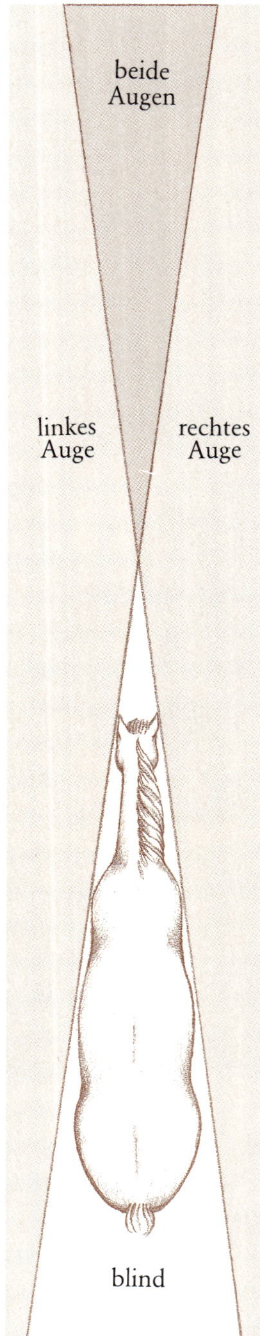

Durch die Anordnung der Pferdeaugen ergeben sich vor und hinter dem Pferd Bereiche, die es nicht einsehen kann. Man nennt sie „blinde Winkel"

Verhaltensweisen kennenlernen

Durch die Anordnung ihrer Augen verfügen Pferde über eine bessere Rundumsicht als wir Menschen. Doch wir müssen die „blinden Winkel" vor ihrem Kopf und direkt hinter ihnen berücksichtigen, wenn wir uns ihnen nähern.

Die Beweglichkeit und Größe ihrer trichterförmigen Ohren läßt Pferde ausgezeichnet hören. Sie nehmen sich nähernde Geräusche meist viel eher wahr als wir.

Der Geruchssinn der Pferde ist so hervorragend, daß sie die Wildschweine, die den Reitweg vor einiger Zeit kreuzten, durchaus noch riechen können – und vielleicht scheuen, obwohl der Reiter nichts sieht, hört und riecht!

Das Fluchttier Pferd versucht im Falle einer echten oder vermeintlichen Gefahr zunächst davonzulaufen. Ist ihm der Fluchtweg versperrt, setzt es seine Hufe und sein Gebiß ein. Von diesen Verteidigungswerkzeugen macht es auch eindrucksvollen Gebrauch, wenn es in der Herde um seinen Rang kämpft oder sich gegen einen lieblosen Menschen zur Wehr setzt!

Erschwert das unseren Umgang mit den Vierbeinern? Nein! Pferde sind Lebewesen, deren Verhaltensweisen auf angeborenen Instinkten und auf Sozialregeln, die sie im Herdenverband erlernten, beruhen. Wir können uns in ihre Denkweise hineinversetzen und damit Unfälle vermeiden! Erst denken, dann handeln – das gilt nicht nur für den Umgang mit Pferden. Statistiker, die Zahlenmaterial aus den verschiedensten Lebensbereichen auswerteten, haben herausgefunden, daß die meisten Unfälle – ob im Sport, im Haushalt, in der Schule oder im Verkehr – hätten vermieden werden können: durch Vorsicht, Umsicht und weniger Eile.

Was kann uns beim Reiten oder beim Umgang mit Pferden überhaupt passieren? Wir können gebissen werden, und vielleicht trifft uns ein versehentlicher Tritt oder auch ein gezielter Schlag mit dem Huf. Ein Stoß mit dem Pferdekopf kann uns zu Boden schleudern, der Pferdekörper kann uns an eine Wand quetschen. Handhaben wir Führstrick oder Zügel falsch, reißt uns ein temperamentvolles Pferd leicht mit. Und natürlich können wir vom Pferderücken stürzen. Die Tatsache, daß im Pferdesport – wie in jeder anderen Sportart auch – schwere Unfälle geschehen, läßt sich nicht leugnen. Doch wer das

Eine strenge Ordnung regelt das Leben im Herdenverband. Wer die Gesetze der Herde kennt, versteht sein Pferd besser

„Sicherheits-Einmaleins" anwendet, kann die Verletzungsrisiken gering halten und manchmal sogar ausschalten.

Reitkleidung – mehr als ein Modegag

Ist es eitel, mit der Kleidung zu beginnen? Keinesfalls! Die Frage, was wir am und auf dem Pferd tragen, stellt sich ja bereits, ehe wir überhaupt den Stall betreten. Natürlich darf unser Outfit modisch sein, aber in erster Linie soll es Kopf und Körper schützen.

Wichtigste Regel: Beim Reiten dürfen wir niemals den **Sicherheitshelm** vergessen! *(Als wir anfingen, aus über eintausend Bildvorlagen die passenden Fotos für dieses Buch herauszusuchen, entdeckten wir erschrocken, wie wenig Menschen beim Freizeitreiten einen Helm tragen. Das Häuflein „mit Helm" war so winzig, daß wir uns schweren Herzens entschlossen, auch Fotos „ohne Helm" in die Bebilderung aufzunehmen.)* Die früher gebräuchlichen Reitkappen waren tatsächlich ziemlich unbequem. Doch die heutigen Modelle sind paßfreundlich, leicht und trotzdem bruch- und splittersicher. Sie schützen den Schädel einschließlich des Kinns rundum.

Der Reithelm ist der wichtigste Bestandteil der Reitausrüstung

Auch **Handschuhe** sind bei der Stallarbeit, beim Umgang mit Pferden und beim Reiten unerläßlich. Weil wir im Stall oft kräftig zupacken müssen, brauchen unsere Hände Schutz – beispielsweise vor Holzsplittern und vor Schmutz, der in kleine Hautverletzungen eindringen könnte. Beim Reiten machen Handschuhe unsere Zügeleinwirkungen weicher: im Winter, weil unsere Finger warm bleiben, und im Sommer, weil die Handschuhe den Schweiß aufsaugen. Bei einem eventuellen Sturz schützen sie unsere Hände vor Schürfverletzungen.

Langärmelige **Oberbekleidung,** die im Sommer aus Baumwolle sein sollte, hält lästige Insekten fern und schützt vor Abschürfungen durch herabhängende Äste oder durch einen Sturz.

Die richtige **Hose** paßt sich bei allen Arbeiten und beim Reiten unseren Bewegungen an. Ihre Nähte dürfen die Haut auch bei längeren Ritten nicht wund reiben. Lederbesätze an Knie und Gesäß geben uns besseren Halt im Sattel. *Niemals* gehört eine kurze Hose, womöglich noch in Kombination mit leichten Schuhen, ans und aufs Pferd! Nackte Haut ist im Reitsport vielen Gefahren ausgesetzt, vom Sonnenbrand bis zur offenen Fleischwunde. Für Wanderritte sind lederne Überhosen, die berühmten Western-Chaps, ideal.

Gegen Nässe schützen knieumschließende **Reitregenmäntel** aus gewachster Baumwolle oder die zum Gürtel zusammenrollbaren **Ponchos.** Achtung: Beim Auspacken und Anziehen hat ihr Knistern schon manches Pferd erschreckt!

Winterreitbekleidung muß warm, winddicht und nässefest sein. Lange Anoraks, aber auch Hosen mit einer sogenannten Membrane sind sehr zu empfehlen. Die Membrane wirkt wie eine in die Kleidung eingearbeitete Haut, die Schweiß nach außen ableitet, Nässe von außen jedoch abperlen läßt.

Und unser **Schuhwerk**? *Ans* Pferd gehören mindestens knöchelhohe Schuhe aus festem, schmutz- und nässeabweisendem Material mit rutschfester Profilsohle. Als *Reitstiefel* eignen sich fürs Dressur-, Spring- und Jagdreiten Leder- oder Kautschukstiefel mit langem Schaft. Fürs reine Freitzeitreiten sind im Sommer auch die halbhohen Jodphurstiefeletten zu empfehlen. Achtung: In all diesen Stiefeln gleiten wir aufgrund der glatten Sohle auf feuchtem, schlammigem, verschneitem oder vereistem Boden leicht aus! Wanderreiter, die ihre Pferde oft führen, reiten daher meist lieber in knöchelhohen Wanderschuhen, die genau wie spezielle Winterreitstiefel eine rutschfeste Profilsohle besitzen. Auch korrekt angepaßte Westernboots stüt-

Mit rundum schützender Reitkleidung sind Geländeritte fast immer durchführbar

zen Fuß und Knöchelbereich. Doch ihre Sohle ist sehr glatt, und der Absatz kann sich in einem normalen Stahlsteigbügel leicht verhaken.

Der Stall – das Zuhause des Pferdes

Obwohl in den letzten Jahrzehnten immer mehr Pferde in einen Offenstall „umziehen" durften, leben die meisten von ihnen nach wie vor in einer Box. Während Pferde in freier Wildbahn unterschiedliche Plätze fürs Fressen, Dösen, Strahlen (Wasserlassen) und Misten (Kot absetzen) wählen, schrumpft ihr Lebensraum in der Box auf wenige Quadratmeter. Aber immerhin gewährt die Box den Pferden den kleinen freien Raum um den eigenen Körper herum, den sie brauchen, um sich nicht sofort attackiert zu fühlen: die **Individualdistanz.**

Natürlich stehen gut befreundete Pferde auf der Weide oft eng beieinander. Sobald aber ein weniger sympathischer Herdengenosse sich nähert, reagieren sie. Ein rangniedriges Pferd zieht sich dann sofort zurück, ein ranghöheres Pferd verteidigt mit angelegten Ohren und entblößten Zähnen seine persönliche Grenze. Wenn wir Menschen eine Box oder einen Anbindeständer betreten, dringen wir in diese Zone ein. Das Haustier Pferd hat sich zwar daran gewöhnt. Aber trotzdem ist ein gutes Vertrauensverhältnis wichtig, wenn wir uns einem Pferd während des Fressens, beim Abfohlen oder bei schmerzhaften Krankheiten gefahrlos nähern wollen. Wir sollten es erst beim Namen rufen und seine Reaktion beobachten. Schaut es uns mit gespitzten Ohren entgegen, oder legt es die Ohren an, weitet die Augen und stößt gar den Kopf vor? Wendet es uns die Hinterhand zu und hebt ein Hinterbein an? Die meisten Stallpferde beschränken ihre Ablehnung auf diese Drohgesten. Den-

Lebensraum Pferdebox – er entspricht nicht den Bedürfnissen der Pferde. Dennoch vermittelt er ihnen ein Gefühl der Sicherheit

Als Individualdistanz bezeichnet man den freien Raum, den jedes Pferd um sich herum benötigt, um sich nicht angegriffen zu fühlen. Nur ein befreundetes Pferd, das eigene Fohlen oder ein Hengst während der Rosse und Paarung darf diese unsichtbare Grenze überschreiten

noch sollten wir die Box erst betreten, wenn sich das Pferd uns zuwendet und wir ihm im Eingangsbereich der Box ein Halfter umlegen können. Wer ein Pferd aus einem Anbindeständer herausholen möchte, wartet, bis es ihm entgegenschaut und zur Seite tritt.

Noch ein Wort zu Anbindeständern: Diese Haltungsform schränkt die natürlichen Bedürfnisse von Pferden total ein. In einem Stall, in dem die Pferde so gehalten werden, sollten wir eigentlich gar nicht verkehren!

Neben dem Pferd sind wir vor Huftritten recht sicher, mit der Hand am kurzgefaßten Führstrick auch vor Bissen. Wenn man in einem Reitbetrieb noch recht neu ist, sollte man kein drohendes Pferd anfassen, sondern in einem solchen Fall das Stallpersonal um Hilfe bitten.

So ungefährlich es aussieht: Das Hinein- und Hinausführen aus Box oder Ständer will geübt werden. Vor allem, wenn sie den gefüllten Hafertrog wittern, drängen Pferde oft ungestüm hinein und klemmen dabei die Führper-

Mimik und Körpersprache des Pferdes verraten uns seine Stimmung. Der Gesichtsausdruck des linken Pferdes ist neugierig, interessiert und freundlich. Das rechte Pferd wirkt eher uninteressiert und abweisend

son zwischen sich und dem Türrahmen ein. In einem Stall, in dem sich mehrere Pferde so undiszipliniert benehmen, sollte das Stallpersonal die Tröge erst füllen, wenn alle Pferde in ihren Boxen stehen.

Mitdenken beim Anbinden

In den meisten Ställen werden die Pferde in der Stallgasse oder auf dem Sattelplatz geputzt. Sie tragen hierfür ein Halfter, in das der mit einem Griff zu entsichernde Panikhaken des Anbindestricks eingeklinkt wird. Den Strick befestigen wir ziemlich kurz am möglichst hoch angebrachten Anbindehaken, am besten mit einem Sicherheitsknoten, der sich im Notfall mit einem Zug lösen läßt. So angebunden, kann das Pferd nicht in den Strick treten.

In der Box zu putzen ist unhygienisch, denn Staub- und Haarpartikel reizen die empfindlichen Atemwege der Tiere und verunreinigen die Einstreu. Müssen wir unser Pferd trotzdem ausnahmsweise in der Box fürs Reiten fertigmachen, so ziehen wir ihm ein Halfter an und binden es kurz und hoch an den Trennstäben der Boxenwand zur Stallgasse hin an. Befestigen wir den Strick nämlich an der Trennwand zum Nachbarpferd, beginnt unser Pferd vielleicht, sich mit ihm zu „unterhalten“ und springt irgendwann unvermutet zur Seite und auf unsere Füße.

Soll das gesattelte, gezäumte Pferd in Ausnahmesituationen kurz in der Box warten, schlingen wir die Zügel um die hochgezogenen Steigbügel, damit es nicht in sie hineintritt. Sicherer ist es, ihm zusätzlich wieder das Halfter überzuziehen und es festzubinden. Natürlich muten wir ihm in voller Montur keine allzulange Wartezeit zu!

Und beim langen Ausritt? Da ist zwischendurch eine Verschnaufpause angesagt. Unser Pferd sollte bei längeren Ritten ein Halfter mit Strick unter dem Zaumzeug tragen. Wollen wir es anbinden, prüfen wir die Anbindemöglichkeit: Ein Baum am Wegrand, ein Busch mit dicken Ästen, ein stabiler Zaunpfosten oder der Anbindeholm eines fremden Reitstalls sind gut geeignet – auf keinen Fall jedoch Stacheldraht oder ein Minizweiglein!

Pferdeputzen – gewußt wie!

Vor allem Stallpferde lieben es, gebürstet zu werden. Ihr Körper kommt zu selten mit

kann sie in Geschäften für Landwirtschafts- und Baubedarf kaufen.
Grundsätzlich gilt: Je näher wir am Pferdekörper stehen, desto geringer ist die Gefahr, von einem ausschlagenden Huf getroffen zu werden. Läßt sich ein Pferd ungern an der Hinterhand putzen, sollte ein Helfer zwischenzeitlich einen Vorderhuf hochnehmen. Sind wir allein, ergreifen wir behutsam den Schweif und ziehen ihn sachte auf unsere Seite herüber. Kaum ein Pferd hebt dann noch unwillig das Hinterbein.
Kitzlige Pferde schnappen gern zu, wenn wir bestimmte Körperteile, zum Beispiel den Bauch, putzen. Quälen wir sie nicht! Benutzen wir lieber statt der Bürste einen weichen Lappen und reiben sie behutsam ab.
Beim Hufeausräumen heben wir das Bein nicht zu hoch an.

Stallpferde lieben das Putzen besonders, da ihnen die natürliche Fellpflege durch Sonne, Regen und Wind fehlt

den natürlichen Fellpflegemechanismen Wind, Regen, Sonnenschein und Sand in Berührung!
Die meisten Unfälle geschehen beim Putzen, wenn ein Pferd erschrocken zur Seite springt. Festes Schuhwerk ist daher bei allen Handgriffen rund ums Pferd ein absolutes Muß – auch an heißen Tagen im Sommer! Bei besonders schreckhaften Pferden empfehlen sich Schuhe mit integrierten Stahlkappen. Man

Beim Hufeausräumen achten wir gleichermaßen auf unsere Sicherheit und die Balance des Pferdes

Das Pferd fühlt sich sonst aus dem Gleichgewicht gebracht und stößt reflexartig das hochgenommene Bein nach vorn oder hinten, um es wieder auf den Boden zu bringen und die Balance wiederzuerlangen.

Und wie geht man mit Wasser am Pferd um? In vielen Reitställen werden wahre Schaumschlachten geschlagen, die dem Fell seine Schutzfunktion nehmen.
In Maßen angewandt, tut Wasser zum Entfernen von Schweiß und grobem Schmutz gut. Wasserscheue Pferde fürchten jedoch oft den Spritzdruck des Schlauches. Aus Sicherheitsgründen benutzen wir bei ihnen nur handwarmes Wasser und einen weichen Schwamm.

Wasser marsch! Dieses Pferd ist mit der hochsommerlichen Erfrischung vertraut. Andere müssen vorsichtig daran gewöhnt werden. Ein Tip: Das Mädchen auf dem Bild sollte festere Schuhe tragen!

Sicheres Führen leichtgemacht

Eben mal schnell ein Pferd auf die Weide zu bringen ist nicht schwer – und kann uns doch in Gefahrensituationen bringen. Halfter und Strick mögen bei einem ruhigen Pferd auf dem eingefriedeten Gelände des Reitvereins genügen. Doch auf öffentlichen Wegen muß das Pferd so gezäumt sein, daß wir es kontrollieren können.
Viele Fachbücher empfehlen, eine Führkette durchs Halfter zu fädeln und in den Strick einzuhaken. Niemand erwähnt dabei, daß Führketten bei einem plötzlichen Ruck einem Menschen einen oder gar mehrere Finger abreißen können! Viel sicherer ist das Führen mit dem **Merothischen Reithalfter.** Es wirkt durch eine elastische, in den Nasenriemen eingebettete Spange in

Ein Pferd, das sich gelassen führen läßt, ist ein großes Sicherheitsplus für den Menschen. Diese Stute trägt dabei ein Merothisches Reithalfter

So hält man einen kurzen Führstrick richtig

Korrektes Halten eines langen Strickes

Falsch! Niemals den Strick um die Hand schlingen!

Verbindung mit zwei sich im Kinn kreuzenden Riemchen, in die der Führstrick eingeschnallt wird.

Natürlich können wir ein Pferd auch mit seinem gewohnten Trensenzaum führen. Und immer daran denken, *niemals* beim Führen den Strick um die Hand zu schlingen! Sollte das Pferd erschrekken und vorwärts stürmen, würden wir unweigerlich mitgerissen.

Die nächste wichtige Grundregel: Das Pferd muß eine Armlänge Abstand zu uns wahren, egal, ob es nun neben uns geht, wie die englische Reiterei es vorschreibt, oder hinter uns, wie bei den Westernreitern üblich. Drängelnde Pferde halten wir mit dem dicken Ende einer Gerte im gewünschten Abstand.

Außerdem üben wir das Führen nicht nur von der linken, sondern auch von der rechten Seite des Pferdes aus. Warum? In freier Wildbahn übernimmt das Leitpferd in gefährlichen Situationen die Führung und schirmt mit seinem Körper die schwächeren Herdengenossen gegen die Gefahr ab. Im Umgang mit dem Pferd übernimmt der Mensch diese Rolle. Viele Pferde, die unterwegs jedes Fahrrad und jede Baumaschine argwöhnisch beäugen, gehen problemlos daran vorbei, sobald sie uns als „Bollwerk" zwischen sich und der vermeintlichen Gefahr wissen.

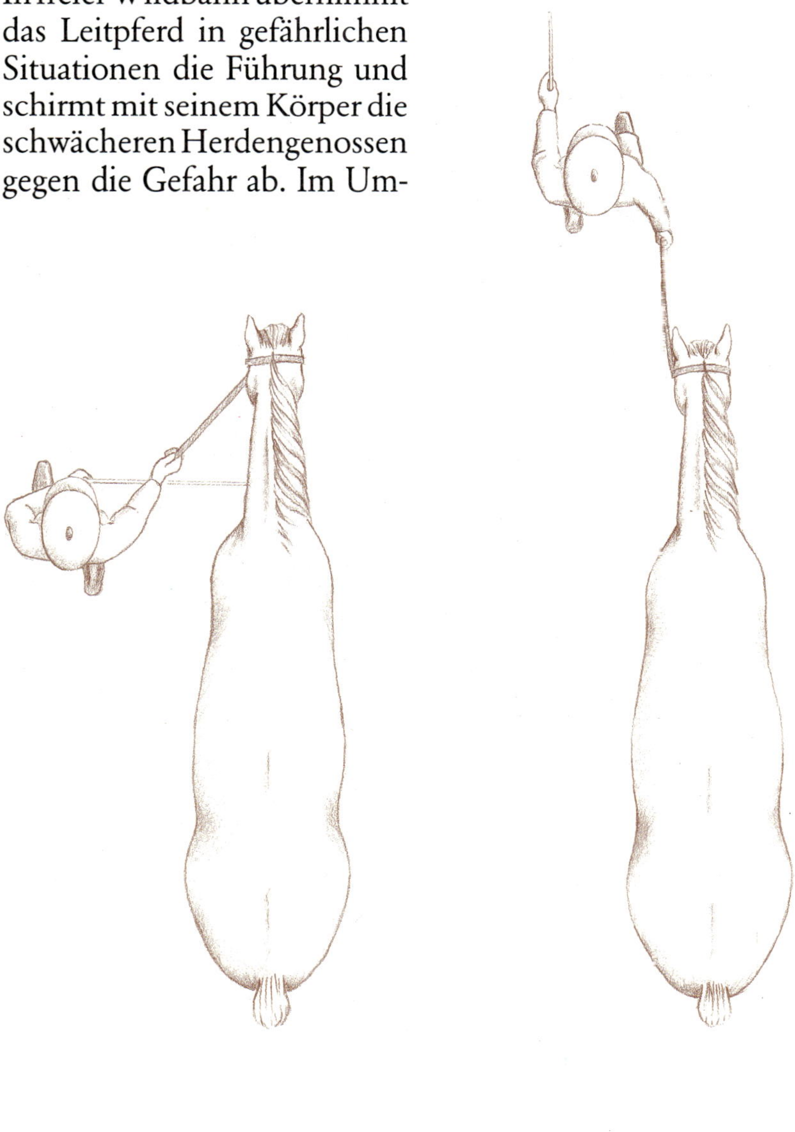

Führübungen bauen Vertrauen auf! Das Führen üben wir auf beiden Seiten des Pferdes und von vorn – stets in Armeslänge Abstand zum Pferd

Ist aber Führen von rechts auch im Straßenverkehr möglich, dort also, wo uns die meisten mechanischen Ungetüme begegnen?
Laut Straßenverkehrsordnung müssen wir uns als Reiter oder mit einem Pferd an der Hand auf der Fahrbahn rechts halten. Dabei sollte das Pferd natürlich auf der dem Verkehr abgewandten Seite, also rechts von uns, gehen. Sehen wir rechts vor uns ein angsteinflößendes Hindernis, bleiben wir stehen und lassen den Verkehr vorbeifließen, bis die Fahrbahn ruhig ist. Wir können auch mit deutlichen Handzeichen und Blickkontakt entgegenkommende und nachfolgende Fahrer bitten, anzuhalten. Erst dann begeben wir uns kurz an die rechte Seite des Pferdes und führen es mit beruhigenden Worten an dem Hindernis vorbei. Anschließend wechseln wir wieder auf die linke Führseite über. Damit beugen wir der Gefahr vor, daß das Pferd rechts scheut und nach links in den fließenden Verkehr auf der Fahrbahn springt.

Die führende Person geht immer zwischen dem Pferd und dem ihm bedrohlich erscheinenden Hindernis

Auf der Wiese regiert die Herde

Jedes Pferd braucht Auslauf. Doch denken wir auch immer daran, daß der Herdentrieb das Regiment übernimmt, sobald wir ein Pferd in den Paddock oder auf die Weide entlassen? Das Pferd sucht instinktiv die Nähe seiner Artgenossen und beginnt zu drängeln. Jedes Pferd muß diszipliniertes Verhalten beim Betreten von Paddock oder Weide lernen. Es sollte sich ruhig hineinführen und wieder in Richtung Ausgang umwenden lassen, ehe wir ihm das Halfter abnehmen. Eine große Gefahr stellen temperamentvolle Pferde dar, die sofort vorwärts stürmen und dabei vielleicht noch buckeln und ausschlagen.
Aus Sicherheitsgründen sollten wir es daher ablehnen, ein Pferd, das für solches Verhalten bekannt ist, zur Weide zu bringen.

Eine andere Schwierigkeit ist manchmal das Einfangen. Auch wenn es uns manche Pferde schwermachen, sollten wir auf das Verteilen von Lekkerchen verzichten. Denn schnell entsteht zwischen den Herdenmitgliedern ein Gerangel um die besten Happen. Und wer möchte schon zwischen ausschlagende Pferdebeine oder in die Reichweite schnappender Zähne geraten? Wie immer nähern wir uns dem Pferd auch beim Einfangen von vorn oder von der Seite, niemals von hinten. Schnuppert es an unserer Hand, legen wir ihm den Führstrick um den Hals und können dann leicht das Halfter überstreifen.
Im Eingangsbereich einer Koppel ist der Boden häufig naß und aufgewühlt, so daß wir nur mit Profilsohlen Halt finden. Um nachdrängelnde Pferde zurückzuhalten, brauchen wir eine Gerte. Allein ihr Vorhandensein verschafft uns Respekt. Aufdringlichen Pferden klopfen wir *mit dem dicken Ende* vor die Brust: „Zuuuurück!" Niemals schlagen – denn das Pferd könnte sich umdrehen und auskeilen!
Sicherer und einfacher läßt sich das Herausführen eines Pferdes zu zweit bewerkstelligen.
Eine traurige Wahrheit: Solide und verletzungssichere Zäune sind auf den meisten Weiden noch eine Ausnahme, Stacheldraht oder verwittertes Holz dagegen die Regel. Nicht nur Pferde können sich daran schwer verletzen, auch wir selbst sind gefährdet. Aus Sicherheitsgründen sollten wir daher Handschuhe, langärme-

Gefahrenstelle Weidetor! Damit das Pferd nicht davonstürmen und übermütig ausschlagen kann ...

..., drehen wir es am Weidetor ruhig zu uns herum, ehe wir ihm Halfter oder Zaumzeug abnehmen

Verletzungs- und ausbruchsichere Zaun- und Toranlagen sollten eigentlich eine Selbstverständlichkeit sein. Leider findet man sie trotzdem selten

lige Oberbekleidung und lange Hosen tragen, damit wir uns keine Splitter einziehen oder die Haut aufreißen.

Auch Halle und Reitplatz haben Tücken

„Heute reiten wir mal nicht aus!" Viele Reitschüler sind enttäuscht, wenn der geplante Ausritt abgesagt wird. Doch die Halle eignet sich ideal für viele Formen der Arbeit mit dem Pferd. Darin umgeben uns vier stabile Außenwände, und ein hohes Dach schützt vor dem Sturzregen – doch hundertprozentig gefahrlos ist das Reiten in der Halle trotzdem nicht! Die Pferde können erschrecken, wenn Zuschauer die Tribüne betreten oder sie draußen unbekannte Geräusche hören, wenn neue Pferde in die Halle kommen oder einer ihrer Artgenossen sich für einen unaufgeforderten, von beeindruckenden Bucklern begleiteten Renngalopp entscheidet! Oft quietschen bei Sturm die Türen in den Angeln, oder die Dacheindeckung scheppert. Und je nachdem, wie tief die Sonne steht, malt das durch die Hallenfenster einfallende Licht gespenstische Streifen auf den Boden – alles Schreckauslöser, auf die manch ein Pferd mit einem Satz zur Seite reagiert! Im Winter müssen wir außerdem den Temperaturunterschied zwischen Box und Halle berücksichtigen. Der eine oder andere Vierbeiner könnte versuchen, sich durch heftige Bewegungen – sprich Buckeln! – aufzuwärmen ...

In der Halle und auf dem Reitplatz gelten feste Regeln: Wir rufen vor dem Betreten der Reitbahn „Tür frei" und warten das „Ist frei" ab, ehe wir unser Pferd hineinführen. Wir kündigen jeden Handwechsel laut an, machen im Schritt den trabenden und galoppierenden Pferden den Hufschlag frei und halten eineinhalb Pferdelängen Abstand zum Vordermann ein. Führen wir unser Pferd in der Halle trokken, gehen wir immer an der Außenseite. Erschrickt es nämlich, springt es stets in Richtung Bahnmitte und niemals gegen die Wand.

Das Glück, bei schlechtem Wetter in einer Halle reiten zu können, hat nicht jeder Reiter. Oft steht nur ein Außenreitplatz zur Verfügung. Ganz risikofrei ist die Arbeit mit dem Pferd auch dort nicht. Nicht jeder Reitplatz hat eine sichere Umzäunung. Und natürlich gibt es rundum immer etwas zum Anschauen oder Hinhören für das Pferd. Seine Konzentrationsbereitschaft ist vermindert, und die Gefahr, daß es erschrickt, scheut oder durchgeht, ist größer.
Lassen nach einer Schlechtwetterperiode die Bodenverhältnisse zu wünschen übrig, dürfen wir natürlich keine perfekte Dressurarbeit erwarten. Das Pferd konzentriert sich dann eher auf seine Beine

Eine Reithalle – luftig, hell und zuschauerfreundlich. Damit Pferde und Reiter darin sicher arbeiten können, müssen sich die Zuschauer rücksichtsvoll verhalten

So ist's richtig: Auf einem Reitplatz, der nach langem Regen matschig geworden ist, darf man nur ein wenig Schritt reiten und keine anspruchsvolle Leistung fordern

als auf uns – es könnte sonst stolpern, ausgleiten oder sogar stürzen.

Geländereiten – die große Freiheit?

Schulfrei, Sonnenschein, Frühlingsblumen auf der Wiese – wer freut sich da nicht auf den Ausritt? Am sichersten ist es, zu zweit oder zu mehreren zu reiten. Denn wenn zum Beispiel ein Pferd stolpert und sich verletzt oder ein Reiter stürzt, kann ein Mitreiter auf einem gesunden Pferd Hilfe holen.

In unsere Jacken- oder Hosentasche gehören ein Zettel mit unserer Adresse und Telefon-

Beim Ausreiten ist man zu mehreren sicherer aufgehoben. Die Pferde gehen am linken Wegrand, weil die Aufnahme in Irland gemacht wurde

nummer und der Anschrift des Stalles sowie ein paar Telefongroschen für den Fall, daß wir von unterwegs den Notarzt verständigen müssen. Reiter, die regelmäßig Medikamente einnehmen müssen oder Allergiker sind, sollten Notfallausweis oder Allergie-Paß in einem kleinen Brustbeutel bei sich tragen. Auch ein kleines Erste-Hilfe-Päckchen läßt sich überall verstauen. Der an den Sattel gehängte Hufkratzer spielt den Retter in der Not, wenn sich unser Pferd unterwegs ein Steinchen zwischen Eisen und Hufhorn tritt. Und wir denken an den Sicherheitshelm und tragen mindestens knöchelumschließende Stiefel, egal, ob der Ritt kurz oder lang dauern soll!

Ordnung schützt vor Unfällen

Auch wenn das Aufräumen nicht gerade zu den Lieblingsbeschäftigungen gehört, sind die Utensilien für Pferdepflege, medizinische Behandlung und Stallarbeit getrennt voneinander und sicher aufzubewahren. Herumliegende Geräte können zu Scheu- und Stolperfallen werden. Immer müssen wir daran denken, wie leicht Pferde erschrecken: vor der Plastiktüte, die der Wind über den Hof weht, vor dem plötzlich umfallenden Eimer, der Pfütze, in der sich die Sonne spiegelt, oder der Leiter, die ausnahmsweise an der Mauer lehnt. Wer vorausschaut, kann Unfälle vermeiden!

Ein Blick in die Sattelkammer

Ist alles neu und glänzend, denkt niemand an den Verschleiß. Doch gerade unser Sattel- und Zaumzeug ist großen Strapazen ausgesetzt! Regelmäßige Pflege hält die vielen Lederteile geschmeidig und hilft uns, sie auf eventuelle Bruchstellen zu kontrollieren. Niemals dürfen wir in den Sattel steigen, wenn ein Zügel brüchig, ein Bügelriemen angerissen, ein Steigbügel kaputt oder der Sattelgurt defekt ist. Für den Fall, daß ein Zügel unterwegs reißt, haben wir eine billige „Erste Hilfe" in der Tasche: eine zusammengerollte Heuballenkordel, die im Notfall den Zügel ersetzen kann.

Vor dem Ausritt werden alle kleinen und großen Lederteile auf Unversehrtheit und korrekten Sitz geprüft

Auf einen Blick

- Reiten ist ein Sport mit einem lebendigen Partner.
- Die meisten Unfälle am und auf dem Pferd lassen sich durch Vorsicht und umsichtiges, ruhiges Verhalten vermeiden.
- Die hauptsächlichen Verletzungsrisiken sind:
  - Biß,
  - Huftritt,
  - Stoß durch Pferdekopf oder -körper,
  - Mitgerissenwerden und
  - Sturz.
- Zum Einmaleins der Sicherheit gehört:
  - die geeignete Ausrüstung für Mensch und Pferd,
  - das richtige Verhalten am Pferd und
  - das risikofreie Reiten.

Ob in die versteckten Winkel bewaldeter Hügel oder – wie hier – an die Küste des Meeres: Pferde führen uns in immer neue Landschaften

Das Einmaleins des Geländereitens

Ausreiten – der große Traum vom Abenteuer

Die Hufe federn auf tannennadelbedecktem Boden, zufrieden schnaubt unser Pferd im Rhythmus des Trabes. Träumen wir alle nicht insgeheim davon, auf dem Pferderücken die Welt zu erobern – eine Welt, in der die Luft noch nach Freiheit und Abenteuer schmeckt?
Was macht die große Faszination des Ausreitens aus?

Beim Geländeritt erleben wir das Pferd in seinem natürlichen Umfeld. Es trägt uns durch die Stille des Waldes ebenso wie durch das reißende Wasser des Flusses und klettert mit uns im Sattel Hänge hinauf und hinab, die wir ohne seine Hilfe nur mühsam bewältigen könnten. Sein Galopp erscheint uns wie ein Dahinfliegen, und im Schritt bringt es uns bis auf wenige Meter an äsendes Wild heran. Das Pferd wird zum Bindeglied zwischen Mensch und Natur.

Im Gelände zu reiten ist sicherlich die abwechslungsreichste Art, ein Pferd zu bewegen. Damit Spaß und Sicherheit nicht auf der Strecke bleiben, müssen die Pferde ebenso wie die Reiter einige Voraussetzungen erfüllen.
Das Pferd muß körperlich und seelisch reif sein. Dann ist sein Skelett stabil, und seine Bänder und Sehnen sind fest genug, um das Gewicht des Reiters unbeschadet eine längere Zeit zu tragen. Ein Großpferd ist frühestens mit vier Jahren, ein Kleinpferd mit fünf bis sechs Jahren soweit. Jetzt kann es auch die reiterlichen Hilfen verstehen und befolgen. Ist es gründlich und konsequent ausgebildet, so vertraut es dem Menschen und zeigt sich nicht übermäßig ängstlich oder widerborstig.

Sattelfestigkeit muß sein

Der Reiter wiederum sollte mit den Bewegungsabläufen auf dem Pferderücken vertraut sein und über einen zügelunabhängigen Sitz verfügen. Auf keinen Fall darf er die Zügel als „Festhaltestricke" benutzen! Er sollte das Pferd selbständig in allen Gangarten reiten, anhalten, wenden und rückwärtsrichten können.

Über die Frage, ob er in der Reithalle bereits einen ersten Sprung bewältigt haben soll, ehe er zum ersten Mal ins Gelände geht, gibt es unterschiedliche Meinungen. Die Autorin dieses Buches meint: „Nein". Auf einem routinierten, ruhigen Geländepferd nimmt sich der erste Hüpfer über einen Baumstamm leichter und angstfreier als das künstliche Hindernis, das der Reitlehrer in der Halle aufbaut. Wer seine erste positive Erfahrung im Gelände macht, geht mutiger und motivierter in die Springstunde. Die aber ist unbedingt notwendig, um Technik und Stil des Springens zu erlernen! Natürlich muß der Gelände-

Vertrauen in den Partner Pferd und in seine Körperbewegungen ist die Grundvoraussetzung fürs Ausreiten

reiter wissen, wie er sich selbst und das Pferd vorbereitet, ausrüstet und nach dem Ritt versorgt: Er trägt spezielle Reitkleidung und einen Sicherheitshelm. Er weiß, daß das Pferd vor allem in der Sattellage gründlich geputzt, die Hufe ausgeräumt und die Eisen auf festen Sitz kontrolliert werden müssen. Er prüft, ob alle Teile von Sattel und Zaumzeug intakt sind und kann sein Pferd selbständig satteln und aufzäumen. Ist er vom Ausritt zurückgekehrt und hat abgesattelt, hält er nach kleinen Verletzungen, Hauterwärmungen, Schwellungen und nach in den Huf eingetretenen Steinchen Ausschau. Er entfernt groben Schmutz mit einer Bürste oder Wasser und Schwamm und reibt den gesamten Pferdekörper trocken, ehe er seinen Partner in den Stall oder auf die Koppel entläßt.

Was ist im Gelände anders?

„Ich kann doch schon so toll galoppieren!“ Manche Reitanfänger beklagen sich bitter, wenn der Reitlehrer sie noch nicht auf den Ausritt mitnimmt. Im Galopp nicht gleich vom Pferd fallen ist jedoch noch keine ausreichende Voraussetzung für den Geländeritt.

Für die meisten Pferde bedeuten Reithalle und Reitplatz Routinearbeit. Hier hat der Reitlehrer ein wachsames Auge auf sie. Draußen aber wartet die große Freiheit! Sie sehen, hören und riechen, was rundum passiert. Das kann sie neugierig, unkonzentriert, ängstlich oder übermütig machen. In der Halle traben sie durch Sand oder Sägespäne. Draußen ist der Boden vielleicht knochenhart oder tiefgrundig schlammig, einmal sandig und staubig, ein anderes Mal schneebedeckt oder vereist. In der Halle herrscht zu jeder Tageszeit dämmriges Licht, draußen malt die tiefstehende Sonne silberne Streifen auf den Weg. Gegenlicht blendet, Wind braust in scharfen Böen über das Feld, und vielleicht regnet es Bindfäden.

Auf viele dieser Umweltreize reagiert das Pferd instinktiv: Es lauscht, nimmt Witterung auf oder versucht, ein ihm unheimliches Objekt deutlicher zu sehen. Es konzentriert sich auf seine Hufe, um nicht zu stolpern, oder es sieht in einem langen Sandweg eine Einladung zum windschnellen Galopp!

Die meisten gut ausgebildeten Pferde lassen sich auch in verzwickten Situationen draußen

Im Gelände wirken immer neue Reize auf die Pferde ein. Erfahrene Freizeitpferde sind an wechselnde Umgebungen gewöhnt

von ihrem Reiter kontrollieren. Aber manchmal ist der Instinkt stärker. Dann buckeln, scheuen, steigen sie oder gehen durch. Um diese Herausforderung zu bewältigen, ist mehr als ein stabiler Sitz notwendig. Der Reiter muß vorausschauen können und viel über die natürlichen Verhaltensweisen des Pferdes wissen. So kann er bestimmten Gefahren unterwegs vorbeugen oder sie im aktuen Fall meistern. Kein Ausritt gleicht dem anderen – jeder ist eine neue, spannende und immer auch lehrreiche Erfahrung!

Das kann ich vor dem Ausritt üben

Auf viele Aufgaben, die uns im Gelände begegnen, können wir uns vorbereiten. Dazu ist nicht einmal immer eine Reithalle oder ein Reitplatz notwendig. In der Umgebung des Stalles finden sich meist einige ungestörte Plätzchen zum Üben: eine brachliegende Wiese, ein abgeerntetes, noch nicht umgepflügtes Feld, ein halb eingefriedeter Hof, ein wenig besuchter Parkplatz oder ein breiter Feldweg. Auch die „Viertelstunden-Runde" rings um den Stall, die den Pferden vertraut ist, eignet sich für unser Training. Wir schnallen die Steigbügelriemen ein bis zwei Loch kürzer, damit unsere Füße in allen Situationen stabilen Halt finden.

Unser Grundtraining besteht aus Schritt am etwas längeren Zügel im leichten Sitz. Das Pferd soll dabei angenehm vorwärts gehen, also weder

Erster Schritt auf dem Weg ins „Abenteuer Geländereiten“: die Wiese hinterm Reitstall

bummeln noch drängeln. Sowohl ein Faulpelz, der sich ständig treiben läßt, als auch ein **Puller** (aus dem Englischen: to pull = ziehen), gegen dessen Vorwärtsdrang wir ununterbrochen ankämpfen müssen, kostet uns zu viel Kraft. Ebenso wichtig ist es, aus allen Gangarten mühelos zur nächstniedrigeren Gangart oder zum Halten durchparieren zu können, ohne daß die halbe oder die ganze Parade in ein Gezerre am Zügel ausartet. *Niemals* lassen wir im Gelände ein Pferd galoppieren, das wir nicht mühelos zum Schritt durchparieren können. Und *niemals* gestatten wir unserem Pferd Renngalopp – gleichgültig, wie lang oder wie einladend die Strecke ausschaut! Befolgten alle Reiter konsequent diese zwei Grundregeln, ließe sich ein Großteil sämtlicher Unfälle vermeiden. Denn wenn wir vom Pferd stürzen, entscheidet auch die Geschwindigkeit darüber, ob wir uns schwer oder leicht verletzen.

Neben der Sicherheit gibt es noch einen zweiten Grund für diszipliniertes Reiten: Das Pferd muß sich auf unsere Entscheidungen verlassen können. Wer heute mit „Jipeeeh“ und Gertenklaps schnellsten Galopp fordert und beim nächsten Mal schimpft, weil ihm das Tempo zu rasant erscheint, verunsichert sein Pferd. Es erwartet vom „Leittier Mensch“ Zuverlässigkeit. Liebe zum Pferd schließt daher konsequentes Verhalten ein, das auf Geduld und Lob aufbaut. Dabei wirkt der Reiter nicht nur mit Gewicht, Schenkel und Zügel auf sein Pferd ein, sondern auch mit seiner Stimme. Sie beruhigt, ermuntert und ermahnt. Ein liebevolles „Brav!“ lobt das Pferd. Ein scharfes, lautes „Nein!“ versteht es als Rüge, ohne daß wir deshalb die Gerte benutzen müssen.
Beim Ausritt in der Gruppe ist die Versuchung groß, das eigene Pferd einfach hinter dem Führungspferd herlaufen zu lassen. Dabei bringt aktives Training in Form von kleinen

Gymnastizierungsübungen sowohl in Vorbereitung eines Ausritts als auch unterwegs im Gelände mehr Spaß und macht unsere Pferde rittiger. Diese Gymnastizierungsübungen sind auch die Grundlage der dressurmäßigen Ausbildung, wie sie in den Klassen A und L verlangt wird. Ein gut

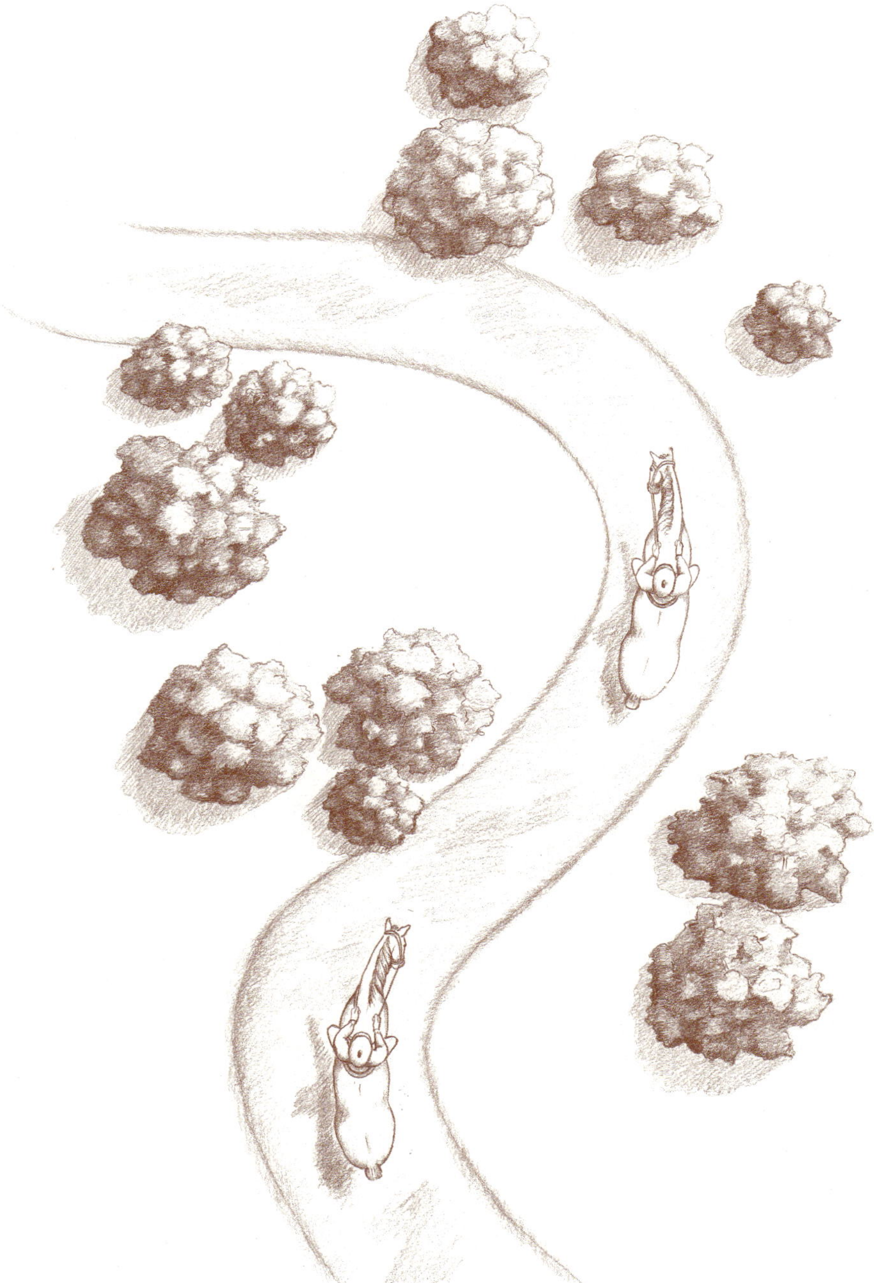

Umsitzen und Umstellen an Wegkurven macht Pferde biegsamer und damit rittiger

gymnastiziertes Pferd läßt sich schonend und mit sehr geringem Kraftaufwand reiten.
Volten kann man auf jedem breiten Weg und in jedem Hof üben, für den **Zirkel** benötigen wir eine etwas größere Fläche. Bei beiden Übungen lernt das Pferd, sich zu biegen. Ein gerader Weg mit ebenem Boden bietet sich fürs **Schenkelweichen** an. Ein biegsames und schenkelgehorsames Pferd trägt uns sicher an eng stehenden Bäumen vorbei! Auch **Rückwärtsrichten** und **Wendungen** gehören zu unserem Trainingsprogramm, denn manchmal versperrt ein Hindernis unerwartet den Reitweg, oder der immer schmaler werdende romantische Pfad führt buchstäblich ins Nichts.

Wir trainieren auch, zu zweit nebeneinander zu reiten. Dabei dürfen die Pferde ruhig unterschiedlich groß und auch verschieden im Temperament sein. Das Übungsziel liegt darin, in allen Gangarten ein gemeinsames Tempo zu finden.
Hintereinander achten wir auf den richtigen Abstand. Im Schritt und Trab sollte er mindestens zwei Pferdelängen betragen, im Galopp noch mehr. Das bewahrt uns und unser Pferd vor dem Aufreiten und vor Verletzungen, falls das Vorderpferd schlägt, stolpert oder gar stürzt. Beim Hintereinanderreiten zu zweit oder zu mehreren wechseln sich die Tetenreiter (aus dem Französischen: la tête = der Kopf, die Spitze, der Anfang) ab. So ge-

Im richtigen Abstand nebeneinander und hintereinander zu reiten gehört zu den Aufgaben, die sich einer Gruppe im Gelände stellen

Jetzt wird's schwieriger: paarweise voneinander wegreiten! Diese Übung widerstrebt dem Herdentier Pferd meist ein wenig

wöhnt sich kein Pferd an, am Vorderpferd zu „kleben".
Nicht ganz einfach ist es, mit einem einzelnen Pferd von der Gruppe wegzureiten. Der Herdeninstinkt treibt es zu seinen Artgenossen zurück. Und doch ist diese Übung wichtig für den Fall, daß unterwegs einmal ein Unfall passiert und ein Reiter Hilfe holen muß. Eine ebenso kniffelige Aufgabe ist das Stehenbleiben, während andere weiterreiten.
Das geschwinde Auf- und Absitzen läßt sich überall trainieren. Das A und O dieser Übung besteht darin, daß unser Pferd dabei ruhig stehen bleibt, bis wir das Kommando zum Antreten geben. Und zwischendurch vernachlässigen wir das korrekte Führen nicht! Immer wieder werden draußen Situationen auftauchen, in denen wir absitzen und unser Pferd führen müssen – beispielsweise an Hindernissen vorbei, wenn wir eine befahrene Straße sicher überqueren oder unserem Pferd Erholung gönnen möchten.

Einfach querfeldein? Nein!

Der erste Ausritt unter Führung des Reitlehrers ist für uns meist so aufregend, daß wir kaum darauf achten, ob die Wege, die wir benutzen, beschildert sind. Vielleicht galoppieren wir auch über ein Stoppelfeld, erinnern uns anschließend noch lange daran und erzählen jedem, der es hören möchte: „Wir sind querfeldein geritten!" Tatsächlich aber sind die Möglichkeiten, querfeldein zu reiten, in Deutschland sehr gering. So fragt zum Beispiel auch unser Reitlehrer vorher beim Bauern nach, ob er seine Gruppe über das abgeerntete Getreidefeld führen darf.

Reiter müssen sich Straßen und Wege heute mit Kraftfahrzeug- und Fahrradfahrern und Fußgängern teilen, abseits der Städte treffen sie auf Land- und Forstwirte. Alle möchten friedlich miteinander auskommen. Aus diesem Grund haben die Länderregierungen Gesetze erlassen, die das Reitrecht genau regeln und die wir bei den jeweiligen Landesverbänden der verschiedenen Reitervereinigungen erfragen können. Im allgemeinen dürfen wir in der freien Landschaft auf allen Wegen und Straßen reiten, die nicht durch ein Reitverbotsschild gesperrt sind. Im Wald allerdings stehen uns in einigen Bundesländern nur die mit einem runden blauen Schild mit weißem Reiter als Reitwege gekennzeichneten Wege offen.

Solche Regelungen wollen niemanden schikanieren, sondern unsere Umwelt schützen, vor allem die Pflanzen- und Tierwelt in Wald, Heide und Moor und in empfindlichen Uferregionen. Viele Reitvereine legen daher in Zusammenarbeit mit der jeweiligen Ge-

Das weiße Pferd auf blauem Hintergrund weist Pfade und Wege offiziell als Reitwege aus

meinde eigene Geländestrekken an, die für reitsportliche Veranstaltungen wie Vielseitigkeitsprüfungen oder Herbstjagden ebenso geeignet sind wie für normale Ausritte.

Achtung Straße!

In einem Zeitalter, in dem kaum eine Familie mehr auf den Zweitwagen verzichtet, gibt es nur noch wenige Reitbetriebe, deren Stalltüren direkt ins freie Gelände führen. Meistens muß eine Straße überquert oder an ihr entlanggeritten werden. Wir Reiter sind *immer* auch Verkehrsteilnehmer, für uns gelten laut Straßenverkehrsordnung die Vorschriften für den Fahrverkehr. Daher müssen wir rechts auf der Fahrbahn reiten. In kleinen Gruppen reitet man einzeln hintereinander, in größeren Gruppen zu zweit nebeneinander. Etwa sieben bis acht Reiter bilden einen sogenannten Verband, der höchstens 25 Meter lang sein darf. Sehr große Gruppen teilen sich in zwei oder mehr Verbände auf. Der Abstand zwischen ihnen muß 20 bis 25 Meter betragen.

Im geschlossenen Verband zu reiten bedeutet mehr Sicherheit, da sich weder Auto- noch Motorradfahrer einfach zwischen die einzelnen Reiter drängeln dürfen.

Um in einen Feldweg auf der linken Straßenseite einzubiegen, muß die Reitergruppe die Fahrbahn überqueren. Dazu reiten alle einzeln hintereinander möglichst dicht auf. Der Anfangsreiter wartet eine Verkehrslücke ab und gibt das Kommando „links um“. Alle Reiter wenden jetzt *gleichzeitig* ab.

Auch die korrekte Überquerung von Kreuzungen will gelernt sein: Die Gruppe sammelt sich zu zweit nebeneinander und dicht aufgeschlossen als Verband, wartet eine Verkehrslücke ab und reitet geschlossen und zügig hinüber. Verständigungsprobleme mit anderen Verkehrsteilnehmern werden vermieden, wenn ein oder zwei Reiter die Autofahrer vorher durch ein deutliches Handzeichen auf ihr Vorhaben aufmerksam machen.

Das Handzeichen gehört übri-

Ruhiges, diszipliniertes Verhalten ist das A und O auf öffentlichen Straßen

Beim Abbiegen wird ein deutliches Handzeichen gegeben

gens auch zum Richtungswechsel. Jeweils der erste und letzte Reiter heben den linken beziehungsweise rechten Arm ausgestreckt bis zur Waagerechten. Und so wie Auto-, Motorrad- und Radfahrer bei Dunkelheit ihre Scheinwerfer anschalten, achtet auch der Reiter darauf, bei schlechter Sicht gesehen zu werden. Er trägt mindestens auf der linken Seite eine nicht blendende und nach vorn und hinten gut sichtbare Leuchte am Stiefel.

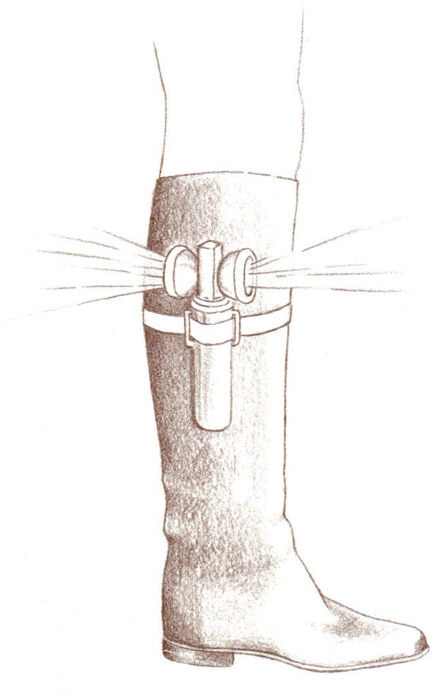

Eine Stiefelleuchte macht uns und unser Pferd bei Dunkelheit sichtbar

Reflektierende Ärmelbänder oder Westen und Leuchtgamaschen für die Pferdebeine geben zusätzliche Sicherheit.

Schnell oder langsam?

Natürlich sollen alle Teilnehmer Freude am Ausritt haben – Menschen *und* Pferde! Daher richtet sich die Wahl des Tempos und der Strecke immer nach dem schwächsten Reiter und dem schwächsten Pferd, wobei sich das Wort „schwach" sowohl auf das Können als auch auf die Kondition bezieht! So wird ein Reitanfänger bei einer langen Galoppade über eine mit kleinen natürlichen Hindernissen bestückte Strecke sicher hoffnungslos überfordert sein. Und ebenso braucht ein Pferd, das nach längerer Krankheitspause erst seit kurzem wieder geritten wird, noch viel Schonung.

Jeder Geländeritt beginnt mit einer Schrittphase von mindestens zehn Minuten. Sie wärmt den Bewegungsapparat des Pferdes auf und lockert seine Muskulatur. Einen Ausritt von etwa einer Stunde reiten wir dann im allgemeinen im Wechsel von Schritt, Trab und Galopp ohne Pause und achten darauf, daß die Pferde dabei nicht außer Atem kommen. Bei einer längeren Tour machen wir grundsätzlich jede Stunde zehn Minuten Pause! Wichtig ist der Ausklang des

Rittes im Schritt am langen Zügel. Jetzt kann schweißfeuchtes Fell trocknen, und die Atem- und Pulswerte unseres Pferdes normalisieren sich.

Auf den Boden kommt es an

Wollen wir uns und unsere Pferde gesund heimbringen, stimmen wir Reitweise und Tempo auf die Bodenverhältnisse des jeweiligen Weges ab. Auf harten oder steinigen Böden, aber auch durch Matsch und Schlamm reiten wir grundsätzlich nur Schritt. Federnder Wald- oder leichter Sandboden laden zum Trab oder ruhigen Galopp ein. In tieferem, schwerem Sand ist wegen der hohen Belastung der Sehnen nur ein ganz kurzer Galopp erlaubt.
Tiefgrundiger Schlamm „saugt" an lockeren Hufeisen. Schon manches Eisen ist darin auf Nimmerwiedersehen verschwunden! Verharschte oder vereiste Stellen umreiten wir, weil Pferde darauf leicht ausgleiten können. Rutschgefahr besteht auch auf regen- und taunassen Wiesen und in allen engen Kurven. In sehr heißen trockenen Sommern vermeiden wir schnelle Gangarten auf sandigem Boden, weil der dabei aufgewirbelte Staub die Atemwege der Pferde zu sehr reizt.

Ein Ritt durch das Licht- und Schattenspiel des Waldes scheint uns manchmal in eine Märchenwelt zu versetzen: Ganz nah lassen uns Rehe und Damhirsche an sich heran! Jetzt sind wir mucksmäuschenstill, um den Zauber nicht zu stören ...
Auf Waldreitwegen mit einer

Immer bestimmt die Bodenbeschaffenheit des Geländes, ob und in welchem Tempo wir einen Weg bereiten dürfen

Schnupperkontakt am Weidezaun: In ländlichen Gegenden reiten wir häufig an Pferde- und Viehweiden vorbei

dicken Tannennadelschicht trabt es sich wunderbar! Achten müssen wir jedoch auf herausragende Wurzelstücke, auf nassen Boden, auf Schlammstellen und auf die tiefen Furchen, welche die Fahrzeuge der Forstarbeiter hinterlassen. Sie alle sind Stolperfallen!
Wir selbst gehen im Sattel hin und wieder auf „Tauchstation". Manch ein tiefhängender Zweig würde uns sonst das Gesicht zerkratzen! Wir beugen uns *nicht auf* den Hals des Pferdes, sondern rechts oder links *daran vorbei* hinunter. So kann uns der Pferdehals keinen unerwarteten Nasenstüber versetzen! Dünne Zweiglein wehren wir mit dem Unterarm ab, halten sie aber nicht fest – sonst treffen sie unseren Hintermann wie ein Peitschenschlag!
Seiner Art gemäß ist das Pferd kein Waldbewohner. Als Steppentier zieht es die weite Ebene vor, die es gut überschauen kann. Zwischen dicht an dicht stehenden Bäumen mag es also hin und wieder Gefahr vermuten! Daher scheuen manche Pferde im Wald häufiger, beispielsweise an ungewohnten Waldarbeiterhäuschen, auf Wildwechseln und in der Nähe von Wildfutterstellen.

Die offene Landschaft aus Wiesen und Feldern dagegen ermöglicht den Pferden gute Rundumsicht. Auf den unbefestigten Rändern der Feldwege können wir herrlich traben! Aufpassen müssen wir auf überwucherten Wegen: Gräser und Kräuter verbergen häufig tiefe, von den Landmaschinen ausgewalzte Rinnen!
Natürlich reiten wir auch an Weiden vorbei und halten dabei einen Sicherheitsabstand zum Weidezaun ein – vor allem, wenn er aus Stacheldraht

besteht. Die meisten Pferde kennen Rinder und sogar Schafe als Weidegenossen. Ängstlich dagegen reagieren viele auf Schweine: Sie bleiben stocksteif stehen und schnorcheln aufgeregt. Am sichersten ist es, ihnen Zeit zu lassen und sie ruhig an der Schweinekoppel vorbeizuführen.
In der Dämmerung tritt häufig Schalenwild aus den Wäldern und äst auf den Wiesen, in den Maisfeldern rascheln Wildschweine auf Futtersuche. Um diese Zeit sehen die Forstwirte und Jäger uns Reiter ungern im Gelände. Ihnen zuliebe sollten wir etwas eher heimreiten. Noch ein Tip für die Pferdegesundheit: So verführerisch die langen Gräser am Feldrand auch sein mögen, wir sollten unser Pferd wegen der daran haftenden Pestizide (Pflanzenschutzmittel) nicht davon fressen lassen!

Es geht auch mal bergauf

Jeder Reiter sollte wissen, wie er mit seinem Pferd sicher Hänge und Böschungen bewältigt!

Kurze Steigungen nehmen Pferde gern im schwungvollen Galopp. Einen längeren Weg bergauf sollten wir sie allerdings lieber im Schritt gehen lassen, da sie sonst zu sehr ermüden. Ist die Böschung sehr steil, überlassen wir es dem Pferd, wie es hinaufklettern möchte. Zur Entlastung des Pferderückens neigen wir uns weit nach vorn und halten uns, wenn nötig, am Hals fest – niemals jedoch an den Zügeln!

Bergauf entlastet der Reiter die Hinterhand des Pferdes und darf sich ruhig am Pferdehals festhalten

Hinunter geht es ähnlich. Bereits an sanften Gefällen parieren wir zum Schritt durch! An steilen Abhängen und Böschungen, die das Pferd oft mehr hinunterrutscht, als daß es geht, neigen wir unseren Oberkörper nach vorn, legen die Knie fest an und stützen die Hände am Halsansatz ab. Um nicht seitlich abzurutschen und sich womöglich mit uns zu überschlagen, muß das

Bergab ist es besonders wichtig, daß das Pferd wie hier senkrecht zum Hang geht – sonst könnte es ausgleiten und sich überschlagen

Pferd *senkrecht* zum Hang bleiben. Unser beidseitiger Schenkeldruck verhindert, daß die Hinterhand nach links oder rechts ausbricht. Die Zügel stehen leicht an. So kann das Pferd sich gut ausbalancieren, ohne daß wir die sichere Führung verlieren.
Manche Pferde wollen den Abstieg möglichst schnell hinter sich bringen. Damit keine Rutschpartie daraus wird, müssen sie mit kurzem Zügel hinuntergeritten werden, der verhindert, daß sie zu eilig werden.

Dazu können wir uns diesen alten Reiterspruch merken:

Bergab treib mich nicht,
bergauf verhalt mich nicht,
in der Eb'ne schon mich nicht,
doch im Stall vergiß mich nicht!

Sind Pferde wasserscheu?

Was ein gut trainiertes Trekkingpferd nicht einmal mit dem Ohr zucken läßt, versetzt manch junges Pferd – und seinen Reiter! – in Panik: das erste „Bad". Pferde, die schon Regenpfützen im Riesenbogen umgehen, brauchen vor allem das Vorbild routinierter Artgenossen, um die Scheu vor dem nassen Element zu verlieren.
Manchmal übrigens wandelt sich die einstige Abneigung plötzlich in Begeisterung um! Vorsicht also, falls ein Pferd mitten im Wasser stehenbleibt und eifrig mit dem Vorderbein schlägt. Es spielt dann mit dem Gedanken an ein erfrischendes Vollbad! Jetzt heißt es: Schenkel fest dran und vorwärtstreiben, um nicht unfreiwillig am Badevernügen teilzuhaben.
Breitere Bäche und kleine Flüsse durchqueren wir an sogenannten Furten. Das sind Flachstellen mit abgeschrägten Böschungen, an denen das Pferd vorsichtig Huf vor Huf zwischen und auf die glatten Steine im Flußbett setzen kann. Das Wasser muß so klar sein, daß wir den Grund erkennen können, und sollte höchstens bis zum Sprunggelenk des Pferdes reichen. Kleine, sichtbare Geröllbrok-

Vorsichtig und mit lang vorgestrecktem Hals hat das Pferd den günstigsten Einstieg in den recht tiefen Bach gefunden ...

ken oder Kies zeigen uns an, daß der Boden nicht nur fest aussieht, sondern auch fest *ist.* Mit dem Zügel halten wir während der Flußdurchquerung nur leichten Kontakt zum Pferdemaul, um die Konzentration unseres Vierbeiners nicht zu stören.

Die Ein- und Ausstiege gestalten sich, je nach Temperament des Pferdes, manchmal etwas schwierig. Ängstliche Pferde zögern oft lange, um schließlich mit einem Riesensatz im Wasser zu landen. Andere wiederum, die dazu neigen, hastig eine Böschung

..., um ebenso konzentriert am anderen Ufer wieder herauszusteigen

hinabzueilen und sich mit dem Ausdruck von Todesverachtung ins Wasser zu stürzen, müssen zurückgehalten werden. Der Ausstieg ist bei unerfahrenen Pferden ähnlich problematisch. Froh, das Abenteuer bewältigt zu haben, galoppieren die Ängstlichen noch im Fluß an und hüpfen mit einem gewaltigen Satz aufs Trockene, während die Gemächlichen erst einmal minutenlang den richtigen Ausstieg suchen. Da niemand diese Erfahrung vorwegnehmen kann, bleibt uns nichts anderes übrig, als bei den ersten Malen wach und aufmerksam zu versuchen, das Verhalten des Pferdes vorauszusehen.

Hoppla – der erste Sprung

Natürlich können wir einen Baumstamm, der unseren Weg versperrt, vorsichtig im Schritt überwinden, indem wir das Pferd mit hingegebenem Zügel langsam Fuß für Fuß über den Stamm setzen lassen. Pferde können ein Hindernis bis zur Höhe des Vorderfußwurzelgelenks beziehungsweise des Sprunggelenks ohne weiteres übersteigen. Doch irgendwann wollen wir beim Ausritt den ersten Sprung bewältigen! Im Gelände springt es sich meist leichter als in der Reithalle – vor allem in einer Gruppe, die diszipliniert

In der Sprungphase verlagert der Reiter seinen Schwerpunkt nach vorn, um nicht hinter die Bewegung des Pferdes zu geraten

Strich reitet, also in einer geraden Linie hintereinander bleibt und dabei einen ausreichenden Abstand zum jeweiligen Vorderpferd einhält.
Am leichtesten fallen uns die ersten Sprünge, wenn wir an gar nichts anderes denken, als einfach vorwärts zu reiten und dabei im flüssigen Rhythmus zu bleiben. Auf griffigem, elastischem Boden, zum Beispiel auf einem Waldweg oder einem Sand- beziehungsweise Lavareitweg, wächst bereits nach wenigen Sprüngen unser Vertrauen ins Pferd. Es sucht sich selbst den geeigneten Punkt zum Absprung und trägt uns um so sicherer über die kleinen natürlichen Hindernisse, je mehr wir aus dem leichten Sitz heraus mit seinen Bewegungen mitgehen. Beim Absprung wird die Geschwindigkeit plötzlich größer, und während der Schwebephase „fliegen" wir förmlich – herrlich!
Wenn das Pferd abspringt, wechselt die Bewegungsrichtung nach vorwärts-aufwärts. Wir stehen daher im Sattel etwas auf und neigen den Oberkörper weit vor. Das verlagert unseren Schwerpunkt nach vorn. Halt geben uns die dicht an den Sattel gedrückten Knie. Fühlen wir uns unsicher, fassen wir zusätzlich in die Mähne des Pferdes. Beim Auffußen wirken unsere Knie und vielleicht auch unsere Arme am Pferdehals als „Stoßdämpfer". Wir versuchen, weich im Sattel zu landen, um dem Pferd nicht in den Rücken zu fallen und ihm vielleicht die Freude am Springen zu verderben. Auch im Sprung verlieren wir nie ganz die Verbindung mit dem Pferdemaul, denken aber daran, daß das Pferd sich streckt, also Kopf und Hals weit nach vorn nimmt. Entsprechend weit folgen unsere Hände der Bewegung nach vorn.

Das klingt gar nicht so schwer, nicht wahr? Natürlich wird uns im Laufe der Jahre nicht jeder Sprung gelingen, zumal jedes Pferd anders springt. Manche scheinen vom Hindernis wie magisch angezogen zu werden. Wir müssen sie sehr zurückhaltend angaloppieren, meist reichen wenige Galoppsprünge als Anlauf. Die Gemütlicheren scheinen dagegen fast aus dem Stand zu springen. Einige Pferde springen sehr flach und knapp, bei anderen ist die Bewegung steiler. Und wohl keinem Reiter wird es erspart bleiben, daß sein Pferd einen Sprung einmal verweigert, also plötzlich stehenbleibt oder seitlich ausbricht. Sind wir auf diesen unverhofften Stopp nicht gefaßt, finden wir uns vielleicht auf dem Pferdehals oder auf dem Reitwegboden wieder! Wir versuchen es erneut, werfen unser Herz über das Hindernis, wie eine uralte Reiterregel empfiehlt, und springen hinterher. Pferde spüren sehr wohl, ob wir innerlich zögern!

Auch kleine Gräben werden uns im Gelände immer wieder einmal begegnen. Nicht jeder Bach ist so breit und so flach, daß wir ihn zu Pferd mühelos durchqueren können. Wasserrinnsale, oft mit steil abfallender Böschung, überspringen sich eigentlich leicht. Das Pferd streckt sich dabei im Galoppsprung lediglich vorwärts, und wir müssen nicht zusätzlich die Auf- und Abwärtsbewegung bei Absprung und Landung meistern.
Wir reiten mutig mit anstehenden Zügeln, die das seitliche Ausbrechen verhindern, auf den Graben zu, geben im Sprung mit der Hand nach und sitzen beim Auffußen weich ein. Allerdings gibt es auch ängstliche Pferde, die das schmalste Bächlein mißtrauisch beäugen und erst nach langem Hinschauen aus dem Stand springen. In ihrem Sattel achten wir genau auf den Moment des Absprungs, um nicht hinter die Bewegung zu geraten.

Reiten in allen vier Jahreszeiten

Ein eingeschworener Hallenreiter wird es uns kaum glauben: Ausreiten ist zu allen Jahreszeiten möglich – vorausgesetzt, Pferd und Reiter sind gesund und richtig ausgerüstet. Ob die Tour durchs Gelände dabei eine Stunde, einen Tag oder gar mehrere Tage dauern darf, hängt von der Kondition des Pferdes und dem Können des Reiters ab.

Wenn die Frühlingsluft lockt

Im Frühling treiben uns die länger werdenden Tage und die zunehmende Milde hinaus in die Natur. Der Boden taut auf, wird weich und federnd – aber an manchen Stellen auch sehr tiefgrundig. Hier ist Schritt reiten angesagt!
Im Kalt- oder Offenstall gehaltene Pferde, vor allem die sogenannten Primitivrassen wie beispielsweise Isländer, Shetlandponys, Camargue-Pferde und Exmoor-Ponys, entwikkeln in der kalten Jahreszeit ein besonders dichtes Winterkleid, unter dessen Pelz sie schnell schwitzen. Wir stimmen das Tempo des Rittes daher auf die Felldicke ab und bringen unsere Pferde trocken

nach Hause. Eventuell doch noch schweißfeuchtes Fell wird sorgfältig getrocknet!
Und verübeln wir es unseren vierbeinigen Freunden nicht, wenn sie hin und wieder versuchen, uns die Zügel aus der Hand zu ziehen! Nach der langen „Heu-Diät" sind die ersten Grasspitzen zu verlockend. Aus erzieherischen Gründen lassen wir das Pferd möglichst selten grasen, während wir im Sattel sitzen. Besser ist es, abzusitzen und eine Freßpause einzulegen.

Sommer, Sonne, Pferde ...

Nicht jeder Sommer ist heiß und trocken, aber natürlich rechnen wir mit Sonne, hohen Temperaturen und wenig Regen. An richtig heißen Tagen möchten Pferde – genau wie alle anderen Lebewesen auch – während der Mittagsstunden am liebsten faulenzen. Wir verlegen unseren Ausritt daher in die frühen Morgen- oder späten Nachmittagsstunden.
Nach langen Trockenheitsperioden sind viele Feldwege steinhart, hier schont ruhiges Tempo die Sehnen. Auf Sand- und Lavawegen wirbelt jeder Schritt Staub auf. Damit weder wir noch unsere Pferde ihn einatmen müssen, halten wir, wenn wir zu mehreren reiten, besonders große Abstände ein.
Als echte Quälgeister machen sich vor allem bei feucht-schwülem Wetter Insekten be-

Zum Kurzbesuch auf der Ponywiese hinterm Haus haben sich die Mädchen zwar nicht umgezogen – für einen Ausritt rüsten sie sich natürlich sicher aus

merkbar: im Wald oder am Waldrand die stechlustigen Bremsen, in der Nähe von Rinder- und Pferdeweiden die aufdringlichen, viele Krankheitserreger übertragenden Stechfliegen und die am frühen Morgen und am späten Nachmittag schwärmenden winzigen zweiflügligen Kriebelmücken. Sie sind Mitauslöser des Sommerekzems, unter dem manche Weidepferde leiden.
Im Buschwerk lauernde Zekken lassen sich nicht nur auf Pferdekörper, sondern auch auf nackte Menschenarme fallen. Der Zeckenbiß ist völlig schmerzlos, doch die Gefahr, an Gehirnhautentzündung oder der Infektionskrankheit Piroplasmose zu erkranken, ist groß!
An heißen Sommertagen können wir von unserem Pferd weder Konzentration noch Höchstleistung erwarten. Es wird vielleicht unwillig mit dem Kopf schlagen oder versuchen, mit Zähnen oder Hufen einem besonders unangenehmen Blutsauger den Garaus zu machen. Ein wenig Abhilfe schafft das Einreiben des Pferdekörpers mit einem **Repellent,** einem insektenvertreibenden Mittel, das in Pferdesportgeschäften oder über den Versandhandel erhältlich ist. Die stark duftenden Inhaltsstoffe erschweren den Insekten das Atmen.
Die empfindlichen Augen des Pferdes schützt unterwegs, aber auch im Stall und auf der Weide, ein Fliegenschutz aus einem Stirnband mit Fransen. Und natürlich streifen aufmerksame Reiter während des Ritts Insekten vom Pferdekörper mit der Gerte ab.
Auch mit schnell aufziehenden Gewitterwolken müssen wir an schwülen Sommertagen rechnen. Selbstverständlich sagen wir den geplanten Ausritt dann ab oder kehren um, falls wir schon im Gelände sein sollten. Manche Pferde bleiben völlig ruhig, wenn es blitzt und donnert. Andere drängen nervös zum Stall zurück. Überrascht uns ein Gewitter im Wald, reiten wir zügig weiter, da dann die Gefahr, vom Blitz getroffen zu werden, am geringsten ist. Freie Felder umreiten wir. Möchten wir das Ende des Unwetters abwarten, meiden wir einzelne Bäume oder Wasserstellen. Wir gruppieren uns nicht zu dicht beieinander und binden unsere Pferde nicht an.

Herbstliche Ausritte

Stahlblauer Himmel, klare frische Luft, goldene Blätter ...

Die meisten Reiter betrachten den Herbst als die schönste Reitjahreszeit. Aber wir müssen nun beim Ausreiten auch mit Nebel und bis zu Orkanstärke anschwellenden Stürmen rechnen. Je nach Tageszeit und Lichtverhältnissen machen wir uns jetzt für andere gut sichtbar, beispielsweise durch Stiefelleuchten, Reflexstreifen um Pferdebeine und Anorakärmel oder eine mit reflektierendem Gewebe beschichtete Weste.

Frischem Wind recken vor allem Stallpferde unternehmungslustig die Nüstern entgegen. Manche sind putzmunter und möchten schneller rennen, als es uns lieb ist, oder machen ihrem Übermut durch einen Buckler beim Angaloppieren Luft. Blätterrascheln, Papierfetzchen oder kleine Äste, die über den Weg wirbeln – all das läßt unsere Pferde jetzt scheuen! Wir setzen uns tief in den Sattel und halten Verbindung zum Pferdemaul, ohne jedoch am Zügel zu zerren. Wir verzichten auf den Galopp und traben dafür ausgiebig. Der sogenannte Jog-Trab im Jogging-Tempo baut die überschüssige Energie am besten ab.

In manchen Jahren entwurzeln die Herbstorkane ganze Waldteile. Bei richtigen Sturmböen ist der Reitweg durch den Wald natürlich tabu! Anhaltende Regenperioden dagegen brauchen uns den Spaß am Geländeritt nicht zu verderben. Lange Reitregenmäntel passen über den Sattel und halten uns warm und trocken. Vorsicht ist geboten, wenn wir unterwegs vom Guß

Selbst naßkaltes Wetter braucht uns vom Ausritt nicht abzuhalten. Hauptsache, wir sind warm und regenfest verpackt

überrascht werden und den zusammengerollten Regenponcho überstreifen wollen! An sein Knistern und Flattern müssen wir unser Pferd beizeiten gewöhnen, damit es nicht erschrickt. Im Regen reiten wir weder zu schnell noch im Trödelschritt, damit unser Pferd weder schwitzt noch auskühlt. Nach dem Ritt wird es gründlich abgerieben und leicht eingedeckt, bis das Haarkleid getrocknet ist.

Gut ausgerüstet in die Winterlandschaft

Winterzauber ... Auf unserem Ausritt durch rauhreifüberpuderte Landschaft tauchen wir in ein Märchenland aus Silber und Weiß ein. Auf dicker Schneedecke stiebt im Trab und Galopp der Schnee von den Hufen, und die Pferde schnauben tatendurstig!

Damit der Schnee unter den eisenbeschlagenen Hufen nicht zu den gefürchteten Ballen zusammenklumpt, lassen viele Pferdebesitzer ihren Pferden vom Schmied **Hoofgrip** zwischen Horn und Eisen befestigen. Das ist eine bewegliche Gummiwulst, die den Schnee bei jedem Schritt hinauskatapultiert.

Spezielle Hufnägel verhindern das Ausgleiten. Trotzdem meiden wir vereiste oder verharschte Wege. Ein heißer Tip für die kalte Jahreszeit: Geraten wir unversehens auf Glatteis, nehmen wir blitzschnell die Füße aus den Bügeln und spreizen die Beine weit ab. Im Fall eines Sturzes rutscht das Pferd unter uns nach vorn, und wir stehen breitbeinig auf der Erde.

Natürlich denken wir wieder an die jetzt sehr früh einsetzende Dunkelheit, um beim späten Heimkommen nicht wie ein schwarzer Schatten plötzlich vor anderen Verkehrsteilnehmern aufzutauchen. Auf bekannten Wegen bewegen sich Pferde im Dunkeln sehr sicher. Trotzdem sollten wir nicht traben oder gar galoppie-

Winterzauber! In warmer Kleidung und mit korrekt ausgerüsteten und trainierten Pferden ist sogar ein Mehrtagesausflug durch den Schnee möglich

ren. Große Ausnahme ist der Nachtritt bei Vollmond durch winterweißes Land. Wer ihn je erlebt hat, wird den besonderen Zauber der eigentümlichen Helligkeit und des tiefen Schweigens niemals vergessen! In einer solchen Nacht dürfen wir auf einem ganz ebenen Weg, dessen Bodenverhältnisse wir genau kennen, einen Trab probieren ... Toll, nicht wahr?

Ein Reitunfall – was nun?

Freizeit mit Pferden bedeutet Teamwork. Schließlich arbeiten wir mit einem Lebewesen zusammen und nicht mit einem Roboter! Beim Ausritt übernehmen wir die Verantwortung für die Pferde, für uns selbst und unsere Mitreiter. Doch wie umsichtig wir auch reiten – ein Unfall ist nie ganz auszuschließen!
Ein paar Verhaltensregeln helfen, in Notsituationen nicht in Panik zu geraten, sondern Hilfsmaßnahmen zu ergreifen. Ein Beispiel: Ein Pferd lahmt plötzlich. Jetzt hält die Gruppe an, der Reiter steigt ab, kontrolliert die Hufe und prüft die Beine. Hat sich ein Fremdkörper – vielleicht ein Stein – im Huf festgesetzt? Dann wird er mit dem mitgenommenen Hufkratzer entfernt. Ist kein Grund für die Lahmheit erkennbar, wird das Pferd im Schritt nach Hause geführt.
Vielleicht ist das Pferd auch unter dem Reiter gestolpert oder gar gestürzt? Sind unsere eigenen Knochen heil geblieben, untersuchen wir das Pferd auf sichtbare Verletzungen und lassen es ein paar Schritte gehen und traben, ehe wir wieder aufsitzen und vorsichtig weiterreiten – oder aber, bei einer offenen Verletzung oder Lahmheit, nach Hause führen.
Im Fall einer schweren Verletzung wird sich die Gruppe immer teilen. Der betroffene Reiter und möglichst eine zweite Person bleiben bei dem verletzten Pferd. Die anderen reiten zügig, aber ohne zu rasen und dadurch einen weiteren Unfall heraufzubeschwören, zum Stall oder zum nächsten Wohnhaus, um Tierarzt und Transporter herbeizutelefonieren. Wichtig ist dabei die genaue Ortsbeschreibung!

Die wichtigsten Erste-Hilfe-Regeln helfen uns auch weiter, falls ein Reiter aus unserer Gruppe vom Pferd stürzt. Wer den Sturz bemerkt, ruft sofort: „Halt!“, damit die Gruppe durchpariert und nicht einfach weiterreitet. In den meisten Fällen hat sich der Unglücksrabe schon wieder selbst aufgerappelt und festgestellt, daß bis auf ein paar Schrammen und leichte Prellungen nichts passiert ist. Ist das Pferd nur einige Meter davongetrabt, läßt es sich in der Nähe seiner Artgenossen meist schnell wieder einfangen. Läuft es weiter weg, so jagt ihm keiner hinterher, damit keinerlei Unruhe unter den Pferden aufkommt. Meist wird es von allein in den Stall zurückkehren. Den Reiter ohne Pferd begleitet ein anderer Reitkamerad zu Fuß mit dem Pferd an der Hand oder im Schritt reitend zurück.

Was aber tun, wenn die Verletzung schwerwiegender ist? Die Unfallstelle muß vor den Pferden abgesichert werden: Die übrigen Reiter sitzen sofort ab, halten die Pferde am Zügel und beruhigen sie. Befindet sich der Verunglückte in akuter Lebensgefahr, weil er zum Beispiel mit dem Gesicht im Wasser liegt, wird er sofort aus der unmittelbaren Gefahrenzone gebracht. *Das gilt nur für solche Ausnahmesituationen!* Hierbei wird der sogenannte **Rautek-Griff** angewandt: Hinter den Kopf des Verletzten stellen, mit beiden Händen unter seinen Nacken greifen. Dann rasch hochheben, bis der Verletzte vornübergebeugt sitzt. Dabei die Schultern abstützen, damit er nicht zur Seite fällt. Anschließend mit den Armen unter beiden Achselhöhlen durchfassen, einen angewinkelten Arm des Verletzten von oben her fassen und ihn mit beiden Händen festhalten. Dann sich aufrichten und rückwärts den Verletzten aus der Gefahrenzone ziehen. *Achtung: Dieser Griff schont den Verletzten nicht!* Auf keinen Fall bewegen wir den Gestürzten, wenn auch nur der geringste Verdacht auf innere Verletzungen oder auf eine Verletzung der Wirbelsäule besteht. Jetzt müssen wir schnellstens vom nächsten Telefon aus melden, wo der Unfall geschah, was genau passiert ist und um welche Art der Verletzung es sich handelt.

Weitere Sofortmaßnahmen am Verunglückten können Leben retten. Bei stark rinnender oder spritzender Blutung wird die betroffene Gliedmaße hochgelagert, das verletzte Blutgefäß zwischen Herz und Wunde abgedrückt und danach ein Druckverband angelegt.
Bewußtlose mit noch ausreichender Atmung werden in stabile Seitenlage gebracht, denn Blut, Erbrochenes oder Schleim können zur Erstikkung führen. Sind keine Atembewegungen sicht- oder

fühlbar, muß eine Mund-zu-Nase-Beatmung durchgeführt werden.
Häufig erleidet der Verunglückte einen Schock. Seine Haut ist dann blaß und kalt, er friert, der Puls ist stark beschleunigt oder kaum tastbar, und er atmet schwach. Als Erste Hilfe stillen wir die Blutung und lagern den Verletzten schräg. Der Kopf muß tiefer als die Beine liegen. Zusätzlich decken wir den Gestürzten warm zu, bewegen ihn nicht unnötig und versuchen, ihn zu beruhigen, bis Hilfe eintrifft.

Natürlich sind diese Regeln nur erste Hinweise für eventuelle Unfälle unterwegs. Als regelmäßiger Geländereiter sollten wir unbedingt einen Erste-Hilfe-Kurs belegen.
Dann können wir in Notsituationen umsichtig und sicher handeln!

Auf einen Blick

Geländereiten ist besonders abwechslungsreich und stellt daher hohe Anforderungen:

- Das Pferd muß vollkommen gesund sowie körperlich und seelisch reif sein.
- Der Reiter muß den zügelunabhängigen Sitz beherrschen und sein Pferd in allen Gangarten mühelos kontrollieren, anhalten und wenden können.
- Wir müssen das in unserem Bundesland gültige Reitrecht genau kennen und wissen, daß auf öffentlichen Straßen für Reiter die Vorschriften für den Fahrverkehr gelten.
- Bei jedem Ausritt hängen Tempo und Route ab:
  - von der Bodenbeschaffenheit der Wege,
  - von den Licht- und Witterungsverhältnissen und
  - vom schwächsten Pferd beziehungsweise vom unsichersten Reiter der Gruppe.
- Bei jeder Besonderheit des Geländes helfen wir dem Pferd durch unser richtiges Verhalten, auch diesen Teil der Route sicher und ermüdungsfrei zu bewältigen.
- Bei einem Reitunfall bewahren wir Ruhe, sichern die Unfallstelle und wenden Erste-Hilfe-Sofortmaßnahmen an, bis anderweitige Hilfe eintrifft.

Die richtige Ausrüstung ist entscheidend für das Wohlbefinden von Pferd und Reiter

Zaumzeuge und Sättel fürs Gelände

Natürlich macht es Spaß, dem Pony einfach mal bloß das Halfter überzuziehen und auf seinem nackten Rücken eine Runde zu reiten. Doch für einen längeren Ritt durchs Gelände muß unser Pferd korrekt gezäumt und gesattelt sein. Die richtige Ausrüstung des Pferdes garantiert ermüdungsfreies, entspanntes und sicheres Reiten.

Mit Hilfe der Zäumung übermitteln wir dem Pferd bestimmte Signale, beispielsweise zur Richtungsänderung, zur Tempoverringerung oder zum Anhalten, die es spüren und verstehen soll. Wir dürfen ihm jedoch niemals Schmerz zufügen. Schmerz verursacht Verspannungen, Angst und Streß – und die wiederum könnten Fehlreaktionen wie Buckeln, Durchgehen oder Steigen auslösen.

Auf dem ungesattelten Pferd genießen wir die Wärme seines Körpers und spüren, wie seine Muskeln arbeiten. Dieses schöne Erlebnis sollten wir uns hin und wieder gönnen, zum Beispiel, wenn wir ein Pferd vom Stall zur nahen Weide reiten. Doch unweigerlich rutschen wir dabei auch in Richtung seines Widerrists. Unser Gesäß quetscht die Dornfortsätze seiner Wirbelsäule, und unser im Trab oder Galopp leicht hochgezogenes Knie stört die freie Bewegung aus der Pferdeschulter heraus. Der Sattel dagegen schont den empfindlichen Pferderücken, indem er unser Gewicht auf die Mittelhand, also auf die Partie zwischen Kruppe und Widerrist, verlagert und dort auf eine größere Fläche verteilt. Sorgsam dem Typ des Pferdes entsprechend ausgewählt, angepaßt und mit der richtigen Satteldecke unterlegt, belüftet er den Pferderücken. Uns selbst geben Sattel und Steigbügel besseren Halt auch in schwierigem Gelände, über Sprüngen und an Böschungen, und unser eigener Bewegungsapparat ermüdet weniger schnell. Wenn Pferd *und* Reiter sich topfit fühlen und nirgendwo etwas

Hin und wieder ohne Sattel zu reiten fördert den Gleichgewichtssinn. Auf längeren Ritten belastet es aber den Pferderücken zu sehr

kneift oder drückt, machen auch längere Touren viel mehr Spaß!

Zäumungen – abgestimmt auf Pferd und Reiter

Es gibt heute weltweit über siebenhundert verschiedene Zäumungen. Aber nur wenige Reiter können die exakte Wirkungsweise der bei uns am häufigsten verwendeten Zaumzeugbestandteile erklären!
Das hinter den Pferdeohren liegende **Kopfstück** fixiert das **Mundstück (Gebiß)** oder das auf die Nase wirkende Zäumungsteil an der richtigen Stelle. So kann es nicht hin und her rutschen und Druck- oder Scheuerstellen verursachen. Das Kopfstück kann mit einem **Stirnriemen**, einem **Kehlriemen** und zusätzlich mit einem **Sperrhalfter** versehen sein, welches das Aufsperren des Pferdemauls verhindert. Die Zäumung kann aber auch nur, wie zum Beispiel in der Westernreiterei die **Einohrtrense**, aus Backenstücken und einer Schlaufe fürs Ohr bestehen.

Sehr gut gerittene Pferde reagieren allein auf die Gewichts- und Schenkelhilfen des Reiters. Bei manchen, wie bei diesem Paint-Hengst, genügt sogar der behutsame Druck des Halsringes

Das Englische Reithalfter steht langen Pferdegesichtern gut

Das **Englische Reithalfter** unterbricht ein langes Pferdegesicht optisch. Sein Nasenriemen liegt etwa in der Mitte zwischen dem vorspringenden Backenknochen und dem Maulwinkel. Beim Verschnallen müssen wir darauf achten, daß zwischen Nasenriemen und Pferdekopf zwei Finger Platz finden. In eine kleine

Lederöse in der Mitte des Nasenteils kann ein zusätzlicher Sperriemen eingezogen werden, der über den Trensenringen zum Kinn des Pferdes verläuft. Ähnlich sieht das **Mexikanische Kreuzhalfter** aus. Wie der Name andeutet, kreuzen sich hier Nasen- und Sperriemen in der Mitte und verteilen den Druck gleichmäßig auf die Nase des Pferdes. Bei der Verschnallung des **Hannoverschen Sperrhalfters** müssen wir sehr darauf achten, daß der Nasenriemen korrekt verschnallt ist. Liegt er zu tief, dann beeinträchtigt er die Atmung des Pferdes. Ist er zu hoch plaziert, so zieht er die Maulwinkel schmerzhaft hoch. Auch zu eng darf er nicht sein. Zwei Finger müssen zwischen Nasenbein und Nasenriemen passen!

Beim Hannoverschen Sperrhalfter muß darauf geachtet werden, daß es die Atemwege des Pferdes nicht beengt

Solange wir in einer Reitschule Lehrpferde reiten, wird uns die Entscheidung, welche Zäumung wir wählen, aus der Hand genommen. Wir können aber den Reitlehrer ruhig auf die verschiedenen Zäumungsarten ansprechen und eine Diskussion anregen, ob mildere Gebisse oder Nasenzäumungen den Pferden das Leben erleichtern würden. Wer ein eigenes Pferd besitzt oder in einer Reitpartnerschaft betreut, kann mehr Einfluß nehmen.

Dazu muß man folgendes wissen:

Zäumungen mit Mundstükken und gebißlose Nasenzäumungen wirken unterschiedlich.

Die gebißlosen üben meist Druck auf den Nasenrücken, das Genick und – über die Zügel – auf den Hals des Pferdes aus. Diesem Druck weicht das Pferd in Form von Reflexbewegungen.

Das Gebiß im Maul überträgt zwar jede noch so winzige Bewegung der Reiterhand direkt auf die Lefzen, die Zunge und den zahnlosen Zwischenraum zwischen Schneide- und Backenzähnen, auf dem das Mundstück aufliegt, die sogenannten Laden. Es ruft aber *keine* Reflexbewegungen hervor. Pferde müssen erst lernen, daß der Druck im Maul sie

beispielsweise zum Tempoverringern bewegen soll.
Viele Zäumungen fügen dem Pferd an seinem empfindlichsten Körperteil, dem Kopf, große Schmerzen zu – vor allem in der harten Hand eines schlecht ausgebildeten, rücksichtslosen Reiters! Wir aber möchten uns unserem Pferd auf dem schmerzlosen Weg verständlich machen und sollten daher sehr milde Zäumungen wählen.

Sobald ein Pferd es ein paarmal getragen hat, hat das Ledergebiß sich dem Pferdemaul genau angepaßt. Es kann dann sogar völlig ohne Kopfstück getragen werden

Ungebrochene, weich wirkende Trensenmundstücke eignen sich gut fürs Reiten im Gelände. Zum Beispiel das einfache, glatte **Ledergebiß.** Es besteht aus aufeinandergesteppten Lederstreifen und wird mit einem weichen Riemen ums Pferdekinn fixiert. Vor der Benutzung in Wasser gelegt, wird es angenehm biegsam und paßt sich völlig dem sensiblen Pferdemaul an. Damit es hygienisch sauber bleibt, muß es nach dem Reiten sehr gründlich gewaschen, abgetrocknet und luftig aufgehängt werden. Es darf niemals für ein fremdes Pferd benutzt werden!
Pferde mit recht großem Maul mögen die **starre Gummitrense.** Sie hat einen Metallkern für den Fall, daß sie unterwegs doch einmal durchgebissen wird. Ganz elastisch und in sich biegsam ist die maulfreundliche **Weichgummitrense,** die keinerlei Schmerz im Pferdemaul verursacht. Auch sie besitzt einen Metallkern.
Und auch **Kunststoffgebisse**

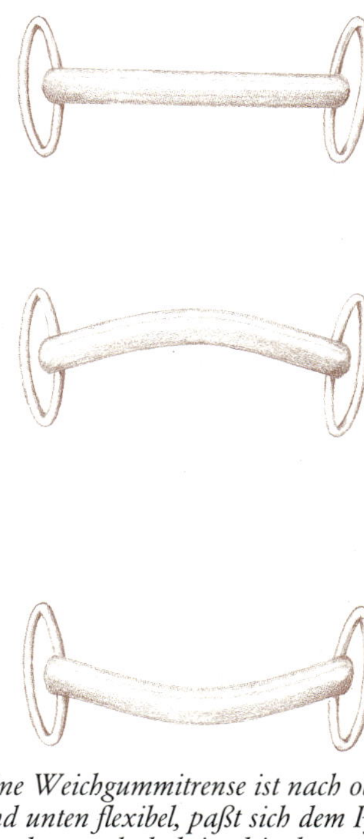

Eine Weichgummitrense ist nach oben und unten flexibel, paßt sich dem Pferdemaul an und übt keinerlei schmerzhaften Druck aus

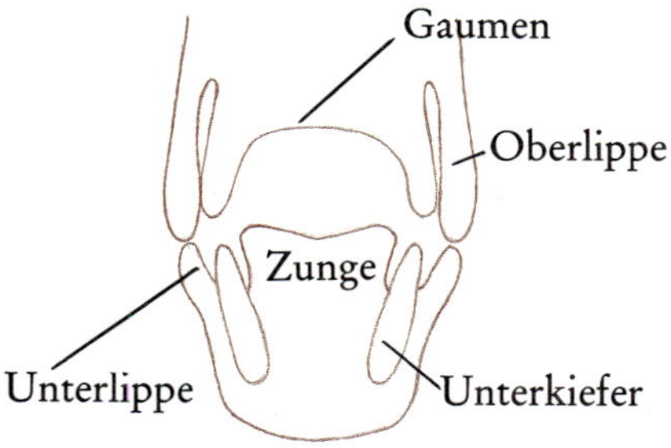

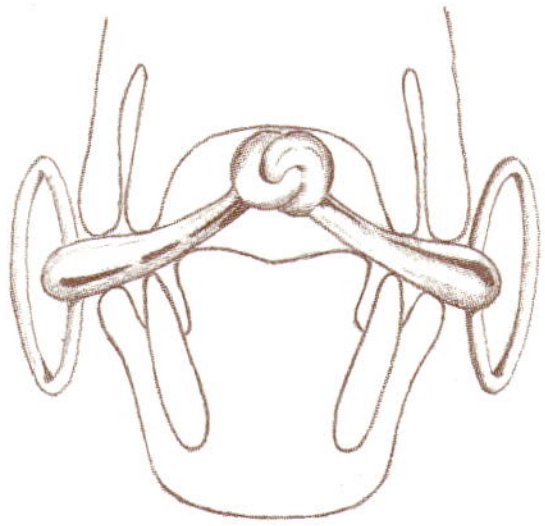

Abb. links: Querschnitt durch das Pferdemaul an der zahnfreien Stelle

Abb. rechts: ein einfach gebrochenes Trensengebiß. Hartes Aufnehmen der Zügel bewirkt den gefürchteten „Nußknackereffekt“: Das Gelenk schiebt sich hoch und drückt schmerzhaft gegen den Gaumen

wie beispielsweise das **ungebrochene Mundstück mit leichter Zungenfreiheit** sind fürs Gelände geeignet. Bevor wir unserem Pferd ein Kunststoffgebiß ins Maul schieben, prüfen wir mit dem Finger nach, ob die Oberfläche noch glatt und weich ist. Im Laufe der Zeit rauh gewordene Gebisse verwenden wir natürlich nicht mehr! Ungebrochene Trensenmundstücke mit Zungenfreiheit gibt es auch aus Metall.

Alle diese ungebrochenen Gebisse drücken nicht nach „Nußknackerart“ auf den Gaumen des Pferdes. Das gebrochene Mundstück dagegen besitzt in der Mitte ein Gelenk, das sich, wenn wir am Zügel ziehen, im Pferdemaul bewegt und auf den Gaumen starken Druck ausübt. Zu diesen Gebissen gehört die **Wassertrense**. Obwohl sie gerade in ungeübter Hand sehr schmerzhaft wirkt, verwenden die meisten Reitställe sie leider nach wie vor. Zu den gebrochenen und damit nicht unbedingt empfehlenswerten Mundstükken gehören auch das **gebrochene Nathe-Gebiß** aus Kunststoff und das **gebrochene Ledergebiß**, bei dem ein Ring in die Mitte des Mundstücks eingearbeitet ist.

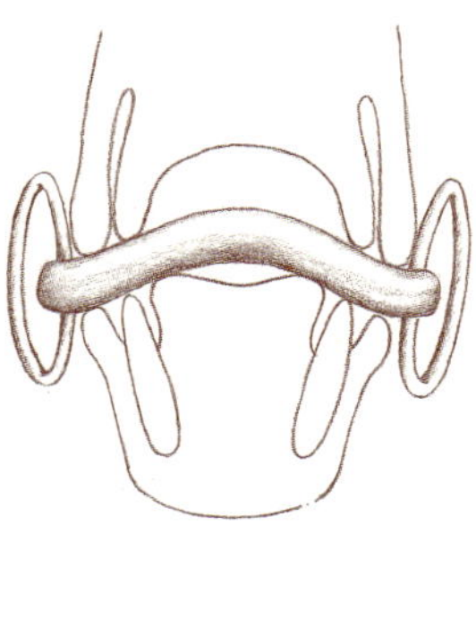

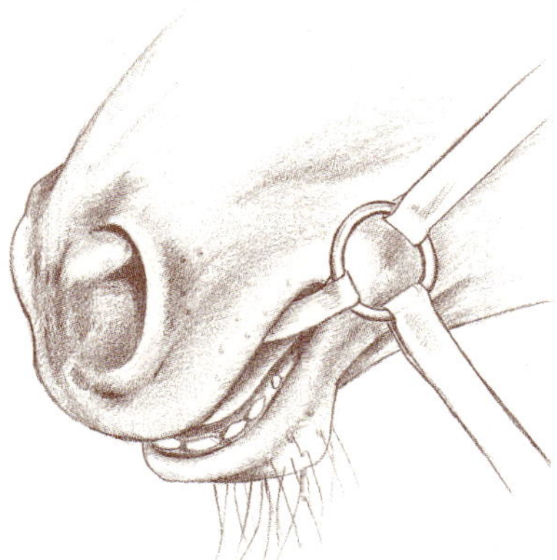

Abb. links: Durch die in das Mundstück eingearbeitete Wölbung (Zungenfreiheit) kann sich die Zunge dem Druck des Gebisses etwas entziehen

Abb. rechts: So liegt das Mundstück – hier ein Ledergebiß – richtig: Es stößt weder an die Hakenzähne, noch reißt es die Maulwinkel hoch

Neben den **Trensen,** bei denen die Zügel in Ringe auf beiden Seiten des Mundstücks eingeschnallt werden, gibt es auch **Stangengebisse.** Sie sind ebenfalls seit Jahrtausenden in Gebrauch.

Das echte Stangengebiß besteht aus einem ungebrochenen Mundstück zwischen zwei senkrechten Seitenteilen, die man **Bäume** oder **Anzüge** nennt, und einer Kinnkette. In die Ringe am unteren Ende der Bäume werden die Zügel eingeschnallt. Die Stange ist für den normalen Schulbetrieb oder die Dressurstunde völlig ungeeignet, da sie „nicht angefaßt" werden darf. Das heißt, der Zügel muß mehr oder weniger durchhängen. Wollen wir verlangsamen oder anhalten, nehmen wir ihn nur ganz sanft auf und gehen dabei mit dem ganzen Körper im Sattel etwas zurück. So übermitteln wir dem Pferd lediglich ein kleines, aber verständliches Signal. Wer wirklich schon völlig zügelunabhängig sitzen kann, findet in der milden Westernstange mit kurzen Bäumen eine von vielen „trensauren" Pferden gern angenommene Zäumung.

Viele Pferde – so auch dieser Camargue-Hengst – mögen ein mildes Stangengebiß. Hier sind deutlich die Anzüge zu sehen

Die **Nasenzäumung** gehört zu den ältesten Arten, ein Pferd im Gelände zu regulieren. Bereits in den Anfängen des Araberreiches wurden die schnellen, temperamentvollen Pferde mit einem gebißlosen Zaum aus geflochtenem Rohleder, der **Jaquima** (sprich: „hakima"), geritten. Während der Maurenherrschaft gelangte die Jaquima nach Spanien und von dort später in die Neue Welt, wo sich die Bezeichnung allmählich in „Hackamore" umwandelte.

Die **klassische Hackamore** bekommen wir in Deutschland nur noch sehr selten zu Gesicht. Sie gehört in die Hand eines Fachmanns, da sie über einen langen Zeitraum exakt angepaßt werden muß. Sie besteht aus dem **Bosal,** einem aus Rohleder geflochtenen Nasenband, und der **Mecate,** einem schweren, aus Roßhaar gedrehten Seil.
Da die Anwendung der echten Hackamore viel reiterliches Können erfordert, entstand später die **mechanische Hakkamore** mit einem Nasenteil aus Metall, die sehr schmerzhaft und scharf wirkt und in falscher Hand bereits viel Unheil angerichtet hat. Wie leicht ist damit einem Pferd der Nasenrücken gebrochen! Weder die mechanische noch die etwas mildere **englische Hackamore,** deren Nasenband aus Leder besteht, wählen wir für unser Pferd aus. Zumal es zwei sehr schöne Nasenzäumungen gibt, mit denen wir ein nicht zu stürmisches Pferd im Gelände sehr gut reiten können.
Das **Side Pull** wird nach seiner Erfinderin, der amerikanischen Pferdetrainerin Linda Tellington-Jones, auch **Lindel** genannt. Es besitzt ein steifes Nasenband aus Lasso-Seil, das wir bei empfindlichen Pferdenasen mit einem Fell überziehen sollten, und einen Kinnlederriemen.
Das **Merothische Reithalfter** erhielt seinen Namen vom Erfinder Erwin Meroth. Es wirkt über eine in den Nasenriemen

Eine über die Nase wirkende Zäumung ist das Side Pull, das gern bei jungen maulempfindlichen Pferden eingesetzt wird

Das Merothische Reithalfter ist sehr vielseitig einsetzbar, zum Beispiel als Stallhalfter am Anbindeplatz

weich eingebettete elastische Spange und zwei daran anschließende Riemchen, die sich in der Kinngrube überkreuzen und zum Zügel führen. Das Annehmen des Zügels bewirkt einen leichten und nicht schmerzhaften „Rundumschluß", der sich sofort wieder löst, sobald wir den Zügel nachgeben. Bei Bedarf können wir durch kleine Extrariemen zusätzlich ein Mundstück einlegen.

Durch Einschnallriemen läßt sich das Merothische Reithalfter auch mit einem Mundstück kombinieren

Im Reitsportgeschäft finden wir ein ganzes Regal voller zusätzlicher Zäumungsvarianten. Sie werden hier ganz bewußt *nicht* vorgestellt, weil sie zum größten Teil pferdefeindlich sind.

Zügel gehören natürlich zu allen Zäumungen. Bei den in diesem Buch vorgestellten Zäumungsarten sind es immer zwei. Andere, hier nicht erwähnte Zäumungen müssen, um korrekt zu wirken, mit vier Zügeln geritten werden.
Es gibt **Gurtzügel,** in die kleine Lederstege eingearbeitet sind, aber auch reine **Lederzügel** und **Gummizügel.** Sehr gut in der Hand liegen aus Naturfasern **geflochtene Zügel.** Die Zügel der Westernreiter nennt man **Reins.** Mit je circa zwei Metern sind sie länger als die in anderen Reitweisen verwendeten Zügel. Ihre Enden werden meist nicht zusammengeschnallt. Das erleichtert das „Ground tying", das zur Ausbildung eines Westernpferdes gehört: Der Reiter sitzt ab, läßt einen Zügel lose auf dem Pferdehals liegen und den anderen zum Boden herabhängen. Das Pferd bleibt ruhig am Platz stehen, auch wenn der Reiter sich entfernt. Reins bestehen meist aus Leder oder aus geflochtenem Nylon.

Was sind eigentlich Hilfszügel?

Ja, und dann gibt es noch sogenannte Hilfszügel. Ursprünglich sollten sie dem Pferd helfen, einen bestimmten Bewegungsablauf und die hierfür am besten geeignete Körperhaltung mit einem Minimum an Zwang besser zu verstehen. Leider benutzen die meisten Reiter sie heute ausschließlich dazu, ihr eigenes mangelhaftes Können zu vertuschen. Ein gesundes, behutsam von einem guten Reiter angerittenes und liebevoll ausgebildetes Pferd braucht keinerlei Hilfszügel! Vor allem nicht im Gelände – aus folgenden Gründen:

Ausbindezügel führen auf beiden Seiten vom Pferdemaul zum Sattelgurt. Sie stellen das Pferd zwischen sich starr ein und lassen das so wichige Vorwärts-Abwärts-Strecken von Hals und Kopf nicht zu. Im Gelände kann sich ein ausgebundenes Pferd auf unebenem Boden niemals ausbalancieren!

Der **Stoßzügel** führt vom Sattelgurt zwischen den Vorderbeinen des Pferdes hindurch in den Kinnriemen und darf niemals mit einem Verbindungsstück in die Trensenringe eingeschnallt werden! Er bindet das Pferd zwar weniger starr aus, gibt seinem Hals aber nicht die Bewegungsfreiheit, die es beim Ausritt braucht. Gerät das Pferd damit zum Beispiel auf Glatteis, so stürzt es unweigerlich!

Das **Martingal** kann eine Hilfe beim Geländereiten sein, wenn es richtig konstruiert und korrekt verschnallt ist. Das keinesfalls zu empfehlende **Stehende Martingal** ist nichts weiter als ein Stoßzügel, der durch einen Halsriemen

Das Laufende Martingal ist der einzig akzeptable Hilfszügel im Gelände. Es verhindert das extreme Hochreißen des Pferdekopfes

läuft und damit das Pferd noch mehr behindert, wenn es sich dehnen möchte. Beim **Laufenden Martingal** dagegen läuft der unten am Sattelgurt eingeschnallte Riemen zwischen den Vorderbeinen des Pferdes nach vorne durch den Halsriemen und gabelt sich am Ende. An den „Gabelenden“ sitzen Ringe, durch die die Zügel laufen. Richtig verschnallt, darf sich im anstehenden Zügel kein Knick bilden. Das laufende Martinal mildert die Wirkung einer zu harten Zügelhand aufs Gebiß und grenzt den Bewegungsspielraum des Pferdes nur nach oben ein, wenn das Pferd den Kopf hochreißt.
Der **Schlaufzügel** wird unter dem Pferdebauch in den Sattelgurt eingeführt. Er führt zwischen den Vorderbeinen hindurch in die Trensenringe und von dort in die Hand des Reiters. In bestimmten Ausbildungsphasen des Pferdes unter einem sehr großen Könner kann er die gewünschte Dehnungshaltung fördern. Leider sind die Könner rar. Die meisten Reiter wissen nicht einmal, wie der Schlaufzügel richtig verschnallt und korrekt gehandhabt wird. Er ist also tabu! Andere „Hilfsmittel“ wie zum Beispiel der **Köhlerzügel** oder das **Chambon** sind Ausbildungshilfen für den wirklichen Fachmann und fürs Gelände ebenfalls nicht geeignet.

In diesen Sätteln sitzt es sich sicher

Eine Rutschpartie auf dem Pferderücken? Steigbügel, in denen sich unsere Füße verkanten oder aus denen wir immer wieder herausrutschen? Rückenschmerzen nach einer langen Tagestour? Vor diesen Unannehmlichkeiten bewahrt uns ein gut gearbeiteter Sattel! Er muß dem Pferd hundertprozentig passen. Seriöse Reitsportausrüster schicken heute daher bei Bedarf einen Spezialisten in den Stall, um Maß zu nehmen. Er wählt den richtigen Sattel aus, der überall gleichmäßig auf dem Pferderücken aufliegt, ohne daß die **Kammer,** die Wölbung über dem Widerrist, ihn berührt. Der Sattel bildet die Grundlage für einen korrekten Sitz und die richtige Hilfengebung. Er bringt im Stehen den Schwerpunkt des Reiters über den des Pferdes. Ein guter Sattel ist niemals ein preiswerter Sattel, aber er ist seinen Preis wert. Stellen wir uns vor, mitten im schönsten Galopp übers Stoppelfeld risse ein aus Billigleder gearbeiteter Bügelriemen! Minderwertige Qualität programmiert Unfälle vor!

In fast allen Ländern der Erde sind Sättel in Gebrauch, die über ein Gestell, den **Sattelbaum**, gebaut sind und aus **Vorderzwiesel**, **Sitzfläche** und **Hinterzwiesel** bestehen. Am Sattelbaum sind die **Sattelblätter** und die Ösen zum Einhängen der **Steigbügelriemen** befestigt. Die flach auslaufenden Polsterungen unter dem vorderen Teil der Sattelblätter nennt man **Pauschen.** Sie geben dem Knie im leichten Sitz und beim Springen Halt.

Der Fußballen stützt sich im **Steigbügel** ab. Er muß breit und schwer genug sein, damit wir ihn, wenn wir mit dem Fuß herausrutschen, schnell „wiederfinden“. Seit einiger Zeit sind **Sicherheitsbügel** auf dem Markt. Sie sind entweder speziell ausgeformt oder mit einem Teilstück aus starkem Gummi versehen. Aus solchen Bügeln löst sich der Fuß bei einem Sturz leichter.

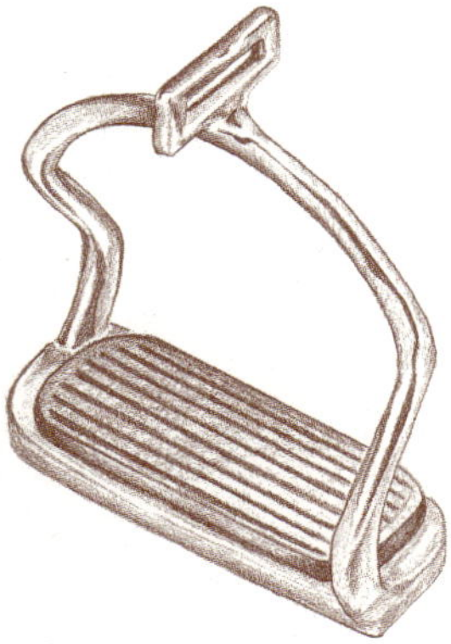

Die Ausformung eines Sicherheitssteigbügels verhindert, daß der Fuß beim Sturz hängenbleibt

Bei Wanderreitern sieht man gelegentlich **Tapaderos.** Das sind Bügelschutzkappen aus Leder, die den Fuß bei Regen trocken halten.

Tapaderos sind ein guter Regenschutz bei langen Geländeritten

Der **Sattelgurt** hält den Sattel am Pferdekörper. Ein zusätzlicher **Schweifriemen** ist für Kleinpferde mit eher kurzem Widerrist und rundem Bauch notwendig, um den Sattel nicht zu weit nach vorn rutschen zu lassen.

Wer in die Sattelkammer unserer Reitbetriebe schaut, wird dort vor allem den **Vielseitigkeitssattel** finden, der vor langer Zeit als eine Art Kreuzung aus Spring- und Jagdsattel entstand. Seine Sitzfläche ist verhältnismäßig groß, aber nicht sehr tief. Die Pauschen sind leicht gepolstert. Auf einem unruhigen, leicht scheuenden oder gar buckelnden Pferd fin-

„Hansdampf in allen Gassen" ist der Vielseitigkeitssattel, der in fast allen Reitställen am häufigsten vertreten ist

den wir darin recht wenig Halt. Dafür ist er, wie sein Name sagt, vielseitig verwendbar, beispielsweise für den nicht zu langen Ausritt, die Dressurarbeit in der Halle oder für den kleinen Springparcours. Auch eine Jagd können wir damit reiten. Wer einen Vielseitigkeitssattel für sein eigenes Pferd kaufen möchte, sollte ausgiebig probesitzen und darauf achten, wie hoch Vorder- und Hinterzwiesel gezogen sind. Je höher sie sind, desto sicherer fühlen wir uns im Gelände auf dem Pferd!

Spring- und Dressursättel sind Spezialsättel mit besonderem Zuschnitt für diese Sportdisziplinen. Sie sind für unsere Ausritte wenig geeignet. **Jagdsättel** finden sich in deutschen Sattelkammern kaum. In England hängen sie in jedem Stall. Ihre Pauschen geben viel Halt, aber die riesige Sitzfläche ist für die meisten Reiter ein bißchen zu groß!

Ebensowenig kommen die ursprünglichen, besonders hoch gekammerten **Trachtensättel** in Form der alten Armeesättel in Frage, denen die Pauschen fehlen. Eine neuere Version des Trachtensattels ist der **Trekkingsattel,** der den Pferderücken optimal belüftet und entlastet. Er läßt den Reiter auch auf langen Strecken ermüdungsfrei sitzen und besitzt viele Anbindehaken, an denen Wanderreiter ihre Gepäckstücke befestigen können. Ein Spezialsattel ist der **Töltsattel** mit seinem langen flachen Sitz, der die Einwirkung des Reiters in Tölt und Paß erleichtert.

Kleinpferdesättel waren lange Zeit Mangelware. Vielen kleineren Ponys wurde aus Ersparnisgründen ein nur knapp

Herrlich sitzbequem ist der Trekkingsattel

passendes Sattelkissen mit Miniaturbügelchen aufgeschnürt. Doch da die Zahl der Kleinpferdereiter ständig wächst, bieten mittlerweile einige Sattelhersteller auch qualitativ akzeptable Ponysättel an. Diese Sättel passen recht gut auf Islandpferde, Haflinger und ähnlich große Rassen. Für kleinere, zierliche Ponytypen ist es nach wie vor schwierig, den richtig passenden Sattel zu finden.

Ein richtiger Arbeitssattel ist der Westernsattel. Er schont den Pferderücken optimal und läßt den Reiter sicher sitzen

Arbeitssättel für Bequemlichkeit und Sicherheit

Ein Cowboy, der eine Herde Longhornrinder durch Texas treiben wollte, mußte sich auf die Bequemlichkeit und Sitzsicherheit seines Sattels verlassen können. Ebenso der Gardian, der vom Rücken seines Camargue-Pferdes aus die flinken schwarzen Stiere einfing.
Arbeitssättel schonen Pferd und Reiter gleichermaßen. Viele Freizeit- und Geländereiter schwören heute auf ihren **Westernsattel.** Er besitzt eine besonders große Auflagefläche, um sein hohes Gewicht von bis zu 16 Kilogramm auf dem Pferderücken besser zu verteilen. Sein typisches Merkmal ist der ausgeprägte Sattelknopf, das sogenannte Horn, an dem der Cowboy sein Lasso festband. Der Hinterzwiesel ist bequem hochgezogen, die Steigbügel sind aus Holz gefertigt und mit dickem Leder überzogen. Auf ihrer breiten Auflagefläche ermüdet der Fuß kaum. Dem Westernsattel ähnlich ist der australische **Stock Saddle,** dem aber das Horn fehlt.
Der **Gardiansattel** paßt leider selten einer anderen als der Camargue-Rasse. Er wird noch

An die Turniersättel des Mittelalters lehnt sich der Gardiansattel der Camargue-Pferde an

heute nach den Vorlagen mittelalterlicher Turniersättel gearbeitet und zeichnet sich durch einen ausgeprägten Vorder- und Hinterzwiesel und körbchenartige Bügel aus, durch die der Fuß nicht hindurchrutschen kann. Wen wundert's, daß sich die alten Ritter darin so sicher fühlten!

Satteldecken als Unterlage

Natürlich empfinden Pferde eine angenehme Polsterung unter dem Sattel als Wohltat. Auf die Umrisse des Vielseitigkeitssattels zugeschnitten ist die **Satteldecke**, während bei der größeren **Schabracke** der untere Rand gerade verläuft. Als Grundregel gilt: je empfindlicher der Pferderücken, desto dicker die Polsterung!

Leicht zu waschen sind die preiswerten Satteldecken aus Baumwolle oder Kunstfell. Leider sind beide Typen recht dünn und können daher Druckstellen hervorrufen. Teurer, aber stabiler und durch die Naturfaser selbstreinigend sind Wollfilzunterlagen oder Lammfelldecken. Sie müssen allerdings regelmäßig gelüftet und sorgfältig abgebürstet werden. **Pad** nennt der Westernreiter seine rechteckige Sattelunterlage aus Wollgewebe mit Steppseite. Sie paßt auch unter einen Normalsattel.

Fingerspitzengefühl muß der Reiter aufbringen, der eine normale Wolldecke – vierfach gefaltet – unter den Sattel legen will, ohne daß dabei drükkende Falten entstehen.

Brauche ich eine Gerte?

Ein zweibeiniger „Jähzorn", der seine Wut im Bauch über die mißlungene Mathearbeit an seinem Pferd auslassen will, gehört weder in den Sattel noch in den Besitz einer Gerte. Die Gerte ist lediglich ein Hilfsmittel, das unseren Arm verlängert. Mit ihr können wir gezielt, aber vorsichtig ein Pferd an einem Körperteil berühren, damit es eine ihm gestellte Aufgabe besser versteht. Die elastische Peitsche des Dressurreiters hat 1,20 Meter Länge, damit er sein Pferd hinterm Gurt antippen kann, ohne daß seine Hand in der Zügelführung gestört wird. Im Gelände und beim Springen benutzen wir dagegen eine wesentlich kürzere Peitsche, die 60 bis 80 Zentimeter lang ist. Mit ihr können wir das Pferd an der Schulter berühren. Beim Reiten hilft uns die Gerte, unser Pferd aufmerk-

Sehr schön demonstriert diese Reiterin die touchierende Hilfe der Gerte. So eingesetzt, ist die Gerte ein wichtiges Ausbildungsmittel

sam zu machen, und unterstützt die treibenden Hilfen. Beim Führen dagegen können wir durch Antippen der Pferdebrust ein Pferd veranlassen, langsamer zu gehen.

Müssen Sporen sein?

„Du mußt dir erst mal die Sporen verdienen!" lautet ein alter Reiterspruch. In einer gut geführten Reitschule darf sich erst der weit fortgeschrittene Reitschüler Sporen anschnallen, der sich auch in brenzligen Situationen weder mit den Händen am Zügel noch mit den Fersen am Pferdeleib „festhalten" muß. Sporen unterstützen die vorwärts- und seitwärtstreibenden Hilfen und dürfen nur kurze Signale geben. Leider gibt es viele Reiter, die sogar nach dem Reiten mit angeschnallten Sporen durch die Gegend laufen – vielleicht, um zu beweisen, was für tolle Typen sie sind?

Brutaler Sporeneinsatz kann ein Pferd nicht nur körperlich verletzen, sondern auch seelisch schädigen: Es wird ängstlich und zeigt Überreaktionen in Situationen, die ein sorgfältig gerittenes Pferd gleichmütig bewältigt. Zu Sporen sollten wir daher ruhig nein sagen.

Auf einen Blick

- Eine Zäumung, die dem Pferd keine Schmerzen zufügt, und ein perfekt passender Sattel machen jeden Ausritt sicherer und angenehmer für Reiter *und* Pferd.
- Mit Hilfe der Zäumung übermitteln wir dem Pferd bestimmte Signale, beispielsweise für Richtungsänderungen, zur Tempoverringerung oder zum Anhalten.
- Der Sattel schont und belüftet den Rücken des Pferdes und gibt dem Reiter auch in schwierigem Gelände und bei unerwarteten Bewegungen sicheren Halt.
- Man unterscheidet Zäumungen mit und ohne Mundstück.
- Fürs Geländereiten eignen sich folgende Zäumungen *mit* Mundstück:
  - Ledergebiß,
  - Gummitrense,
  - Kunststofftrense und
  - milde Westernstange.
- Auch die nachstehenden Zäumungen *ohne* Mundstück kommen in Frage:
  - das Merothische Reithalfter (auch mit Mundstück kombinierbar) und
  - das Side Pull (auch Lindel genannt).
- Der Sattel muß dem Pferd exakt passen und daher möglichst von einem Fachmann angepaßt werden.
- Unser Wohlgefühl im Sattel hängt ab:
  - von der Größe und Ausformung der Sitzfläche,
  - von der Höhe der Vorder- und Hinterzwiesel,
  - von der Ausformung der Pauschen und
  - von der Auflagefläche der Steigbügel.
- Für Geländeritte eignen sich besonders gut:
  - der Vielseitigkeitssattel (nicht für lange Wanderritte),
  - der Trekkingsattel,
  - der Westernsattel (auch der Australian Stock Saddle, ein Westernsattel ohne Horn) und
  - der Gardiansattel.

Das sichere Reiten in allen Gangarten will gelernt sein, damit der Ausritt Freude bereitet

Ritte für Fortgeschrittene

„Führerschein" für Geländereiter

„Mal einen ganzen Tag lang ausreiten ..." – das wünschen sich die meisten Reiter! Keine Angst vor Geländeritten muß haben, wer den **Reiterpaß** schon in der Tasche hat. Lehrgänge mit abschließender Prüfung veranstalten die meisten der Deutschen Reiterlichen Vereinigung angeschlossenen Reitschulen. Im praktischen Teil lernen wir, wie man das Pferd auf den Ausritt vorbereitet und wie man in allen Grundgangarten sicher reitet. Weitere Lerninhalte sind das korrekte Verhalten in der Kolonne – nebeneinander, gegeneinander und beim Überholen –, der Einzelgalopp von Punkt zu Punkt, das Überwin-

Auf langen Ritten brauchen Pferde und Reiter gelegentlich eine Verschnaufpause. Was dabei zu beachten ist, lernt man im Reiterpaßlehrgang

den kleiner natürlicher Hindernisse, das Wegreiten von der Gruppe, das richtige Verhalten im Straßenverkehr und die Versorgung des Pferdes während einer Rast oder bei einem Unfall. Besonders Mutige dürfen zusätzlich im Gelände vier feste Hindernisse mit maximal 80 Zentimeter Höhe überspringen.

Der praktische Teil bereitet kaum einem Prüfling Schwierigkeiten. Für die theoretische Prüfung muß allerdings die eine oder andere Regel schlicht gepaukt werden. Alles, was Bezug zum Alltag mit Pferden hat, fällt dabei leicht, denn in den Reitstunden vertiefen wir ja jedesmal unser Wissen um Sitz, Hilfen und Gangarten. Auch Grundkenntnisse der Pferdehaltung lassen sich praxisnah einüben.

Kniffeliger ist schon die Frage, in welcher Beziehung Reiter und Umwelt zueinander stehen. Der Reiterpaß soll dazu beitragen, daß wir bewußt und schonend mit Natur und Umwelt umgehen. Wer möchte, daß seine Mitmenschen ihm und seinem Pferd mit Sympathie begegnen, muß seinerseits Verständnis für die Belange anderer Erholungssuchender, aber auch der Land- und Forstwirte und Jäger aufbringen.

Und auch das Pauken der Straßenverkehrsordnung bleibt dem Reiterpaß-Anwärter leider nicht erspart. Dazu gehören die wichtigsten Erste-Hilfe-Regeln, deren Kenntnis verhindert, daß wir in Panik geraten, sollte unterwegs tatsächlich einmal ein Unfall passieren oder das Pferd Anzeichen einer akuten Krankheit zeigen. Auch über das Straßenverkehrsrecht, das Landesrecht über das Reiten in Feld und Wald, das Tierschutzgesetz sowie Tierhalter-

Hier wird in die Praxis umgesetzt, was wir für den theoretischen Teil der Reiterpaßprüfung büffeln mußten: das richtige Verhalten gemäß Straßenverkehrsordnung

haftung und -versicherung müssen Reiter Bescheid wissen.

Der praktische Teil wird natürlich im Gelände geprüft. Der Prüfer begleitet die Gruppe dabei zu Pferd. Bei der theoretischen Prüfung werden Fragebögen ausgefüllt und ein paar Fragen mündlich beantwortet. Nach sorgfältiger Auswertung beider Teilprüfungen heißt es meist: „Herzlichen Glückwunsch!" Jetzt werden der Reiterpaß und die dazugehörige Anstecknadel überreicht. Und wer es diesmal nicht geschafft hat, kann noch ein bißchen üben und die Prüfung dann wiederholen!

Auch die Vereinigung der Freizeitreiter in Deutschland bereitet in Lehrgängen auf das Reiten im Gelände vor: Der geprüfte Geländereiter erhält hier die **Bunte Windrose.** Sie entspricht dem Reiterpaß. Auf der Bunten Windrose bauen Kurse für den Wanderreiter, den Geländerittführer und den Wanderrittführer auf.
Der Erste Trekking Club Deutschlands bietet Lehrgänge zum Trekkingreiter, Trekkingführer und Trekkingausbilder an.

Mit dem Reiterpaß oder der Bunten Windrose ist unser Selbstvertrauen natürlich gestiegen. Wir dürfen uns jetzt

Viele Wanderreitfans gehören der Vereinigung der Freizeitreiter in Deutschland an. Ihr Emblem für den geprüften Geländereiter ist die Windrose

zu Recht als fortgeschrittene Reiter bezeichnen – und uns an neue Aufgaben wagen!

Die Reitjagd – Halali im Herbst

„Hast du Lust, bei unserer Herbstjagd im dritten Feld mitzureiten?“ Wem kommt bei dieser Frage nicht das Bild diszipliniert galoppierender Pferde in den Sinn ... Herbstsonne bescheint die rot und schwarz berockten Reiter in ihren weißen oder gelben Hosen und Stulpenstiefeln, vom Boden steigt der Geruch nach Pilzen und feuchtem Laub auf.
Die Reitjagd zählt zu den ältesten Traditionen der Reiterei. Abbildungen von vorgeschichtlichen Reitjagden finden sich an Höhlenwänden in Dänemark und Spanien, in den Pyramiden Ägyptens und auf babylonischen Reliefs. Während in vielen Ländern der Welt noch hinter Hasen, Füchsen oder Hirschen hergejagt wird, ist in Deutschland die **Hetzjagd** auf lebendes Wild seit 1935 verboten. Statt dessen reitet man bei uns **Schleppjagden** hinter der Hundemeute auf einer künstlich ausgelegten Fährte oder **Fuchsschwanzjagden,** bei denen ein Reiter die Rolle des Fuchses übernimmt. So läßt sich die Streckenführung mit Land- und Forstwirten abstimmen.

Das Führungsteam einer Reitjagd ist die **Jagdequipage.** Sie besteht bei einer Schleppjagd aus einem Schleppenleger, der Hundemeute, dem **Master** (Jagdleiter) und einigen **Pikören.** So nennt man die Gehilfen des Masters, die die Meute führen und für Disziplin im Jagdfeld sorgen.
Anstelle von Koppelzäunen und natürlichen Hecken laden heute klobige und mit festen Stangen ausgestattete Hindernisse zum Sprung ein. Geritten wird in **drei Feldern:** Im ersten, dem Springerfeld, finden sich die routinierten Jagdreiter zusammen, die ausnahmslos sämtliche Hindernisse springen. Teilnehmer des zweiten, des Wahlspringerfeldes, können selbst entscheiden, ob sie ein Hindernis springen oder umreiten möchten. Bei manchen Veranstaltungen wird das Wahlspringerfeld über einen leichteren Kurs geführt. Aufgrund zahlreicher Unfälle wird derzeit diskutiert, auf das zweite Feld zu verzichten. Denn dort tummeln sich etliche Möchtegernjagdreiter, die ihre und ihrer Pferde Fähigkeiten überschätzen. Das führt zu Behinderungen am Sprung, man schneidet einander den

Bei einer Schleppjagd zieht vor den Reitern eine Hundemeute her, die der künstlich gelegten Fährte, der Schleppe, folgt

Weg ab, Pferde verweigern, und überforderte Reiter und Pferde stürzen! Im dritten Feld wird grundsätzlich nicht gesprungen.

Je nach Veranstalter sind die Strecken unterschiedlich lang. Sie werden hauptsächlich im Schritt und Galopp zurückgelegt. Getrabt wird meist nur auf dem Weg zum **Stelldichein,** einer Pause nach etwas mehr als der Hälfte der Strecke, und auf dem Heimweg. Während des Stelldicheins genießen Pferde und Reiter die wohlverdiente Verschnaufpause. Der Reiter löst den Gurt ein wenig, überprüft die Pferdebeine auf Verletzungen, kontrolliert die Eisen und führt das Pferd im Schritt umher. Oft wird auch ein Umtrunk gereicht.

Die Dämmerung senkt sich bereits über die Landschaft, wenn sich Reiter und Pferde am Zielpunkt um das lodernde Feuer gruppieren. Bei einer Schleppjagd wartet die Hundemeute jetzt gespannt auf den **Hunderuf:** Er erlaubt ihnen, sich auf ihr wohlverdientes **Curée** zu stürzen. Das ist ihr Anteil am erlegten Wild, ersatzweise gibt es Fleischhäppchen. Die Jagdhörner blasen „Halali" – die Jagd ist aus. Heim tragen wir als Erinnerung den **Bruch,** einen kleinen Eichen- oder Tannenzweig, der jedem Jagdteilnehmer überreicht wird. Zu Hause gilt unsere Fürsorge dem Pferd: Wir säubern und kontrollieren Sattellage, Beine und Hufe, massieren die Beine und bandagieren sie eventuell. Vergräbt unser Pferd hungrig die Nase im Hafertrog, wissen wir, daß wir es nicht überfordert haben. Wichtig ist es, das Pferd in den Tagen nach der Jagd ausreichend zu bewegen!

Der traditionelle Jagdtag ist der 3. November, der Tag des heiligen Hubertus, des Schutzpatrons der Jäger. Aber bereits im Oktober und bis in den Winter hinein veranstalten Reit- und Schleppjagdvereine ihre Reitjagden. Jeder erfahrene und sportliche Reiter, der über ein geeignetes, gut an den Hilfen stehendes Pferd mit angenehmem, jedoch niemals heftigem Temperament und energischer, federnder Galoppade verfügt, kann daran teilnehmen.

Immer beginnt das Training Monate vor der eigentlichen Saison: Es findet auf allmählich länger werdenden Strekken mit nur gelegentlichen Sprüngen statt, um dem Pferd nicht die Freude daran zu rauben. Der Reiter muß sein Pferd an jeder Stelle des Jagdfeldes problemlos halten können. Puller haben daher bei einer Reitjagd nichts zu suchen. Das Pferd sollte routiniert und gelassen gerade springen und möglichst nicht zum Verweigern neigen. Verweigert es doch einmal, gibt der Reiter den Sprung sofort frei und reitet erst wieder an, wenn er dadurch niemanden stört. Unerfahrene Reiter ordnen sich rücksichtsvoll am Schluß des Feldes ein.

Der besondere Zauber der

Beim Jagdspringen kommt es auf routiniertes Vorwärts von Pferd und Reiter an, damit niemand am Sprung behindert wird

Reitjagd liegt in der Atmosphäre sportlicher Kameradschaft. Ehrgeiz ist fehl am Platz, denn es gibt weder Sieger noch Besiegte!

Distanzreiten – Marathon für Pferd und Reiter

Der Reiter, der höchstens einmal pro Tag sein Pferd eine knappe Stunde bewegt, ahnt kaum, wieviel Ausdauer in seinem Partner steckt. Lange Gliedmaßen, ein gewaltiges Lungenvolumen und ein starkes Herz machen das Pferd zum echten Lauftier. Sein Training muß allerdings behutsam aufgebaut werden, damit es Dauerleistungen unbeschadet übersteht.

Distanzrennen zählten im letzten Jahrhundert zu den beliebtesten Sportarten des Militärs. Das 600-Kilometer-Rennen Berlin-Wien im Jahre 1892 war die berühmteste und gleichzeitig berüchtigtste Veranstaltung. Sowohl das Siegerpferd als auch das zweitplazierte starben kurze Zeit nach dem Ritt!

Solche Rennen finden heute in Deutschland nicht mehr statt. Statt dessen veranstaltet der 1976 gegründete Verein Deutscher Distanzreiter und -fahrer überall in Deutschland **Distanzritte** über unterschiedlich lange Strecken.

Sämtliche Ritte werden nicht ausschließlich nach der Zeit, sondern auch nach dem Ergebnis von Sonderprüfungen und vor allem nach der Verfassung des Pferdes gewertet. Strenge **Vet-Checks** (tierärztliche Kontrollen) vor, während und nach dem Ritt sorgen dafür, daß kein Pferd im

Vet-Checks sind strenge tierärztliche Kontrollen vor, während und nach einem Distanzritt

Bevor ein Distanzreiter starten darf, muß sein Pferd an der Hand vortraben. So stellt der Tierarzt eventuelle Lahmheiten fest

Rennen bleibt, das Ermüdungserscheinungen oder eine Lahmheit zeigt.

Ein Distanzpferd muß ausgewachsen, gesund und nervenstark sein und über guten Vorwärtsdrang verfügen. Die beste Vorbereitung sind Gelände- und Wanderritte, bei denen wir das Messen der **Puls-Atem-Werte** (PA-Werte) üben. Den Puls mißt man an der Unterseite der Ganaschen, ober- und unterhalb des Vorderfußwurzelgelenks oder an der Unterseite der Schweifrübe. Die Ruhewerte betragen 30 bis 50 Schläge pro Minute. Den Atem spüren wir auf unserer flachen Hand vor den Nüstern oder bei Berührung der Flanke. Bei einem ruhenden Pferd werden wir acht bis 16 Atemzüge pro Minute feststellen.
Diese PA-Werte messen auch die Tierärzte während und nach der Veranstaltung. An den angekündigten Kontrollpunkten dürfen sie höchstens 64/60 und an den unangekündigten, den „Radarfallen“, höchstens 72/72 betragen.
Jeder erfahrene Distanzreiter schwört auf sein eigenes Trainingskonzept, das unter anderem aus einem sich langsam steigernden Schritt-Trab-Wechsel besteht. Nicht nur das Herz-Kreislauf-System, sondern auch der Bewegungsapparat mit Knochen, Bändern und Sehnen muß behutsam aufgebaut und konditioniert werden. Der Reiter muß herausfinden, in welcher Gangart und in welchem Tempo sein Pferd ideal laufen kann, nämlich ausbalanciert, mit perfekter Atemtechnik und immer gleichem Raumgriff in Trab oder Galopp über viele Kilometer. Abwechslungsreiches Training, viel Weidegang und Spazierritte ohne jeden Leistungsgedanken erhalten die Gehfreude.
Auch von der Ausrüstung hängt das Wohlbefinden von Pferd und Reiter ab: Sättel mit großer Auflagefläche, beispielsweise leichte Western- oder Spezial-Distanzsättel mit dicker Unterlage haben sich bewährt. Die Zäumung darf die Atmung nicht beeinträchtigen. Zum Schutz der Pferde-

hufe schwören Profis auf Profil-Hufeisen, bei steinigem Boden auf Ledersohlen. Und die Reitkleidung muß superbequem sein! Denn wer möchte sich schon im Sattel hin und her winden, weil eine Naht schrecklich scheuert?

Wanderreiten – geplantes Abenteuer

Trekkingreiten – noch heute spüren wir in diesem Wort den Hauch von Abenteuer! Warum nicht einmal mit ein paar gleichgesinnten Reitern mehrere Tage lang durchs Land ziehen, abseits der Asphaltstraßen auf Pfaden, auf denen die Zeit stillzustehen scheint? Hierfür brauchen die Pferde unverwüstliche Gesundheit, erstklassige Kondition, Gelassenheit und Nervenstärke. Die Gliedmaßen sollten korrekt gestellt und der Rücken belastbar sein. „Zänker" und „Zappelphilippe" sind nicht zu gebrauchen!
Ausritte durch wechselndes Gelände bereiten Bewegungsapparat und Kreislaufsystem vor. Wanderreitpferde müssen kleine Baumstämme übersteigen oder überspringen können, auf schmalen Pfaden rückwärtstreten, fließendes Wasser durchqueren und an Landmaschinen und Kraftfahrzeuge aller Art sowie an Autobahnunterführungen und Brücken gewöhnt sein.

Umsichtige Planung trägt zum Gelingen bei: Zehn bis vierzehn Tage vor dem Start wird

Beim Wanderritt fernab der Stadt scheint mancher Pfad direkt in die Endlosigkeit zu führen

Wasserdurchquerungen gehören zum Repertoire eines routinierten Trekkingpferdes

der Hufbeschlag erneuert – ohne Stollen, um Gelenke und Sehnen zu schonen!

Damit der Rücken des Pferdes unter der Last von Reitergewicht und Gepäck keinen Schaden nimmt, ist die Wahl des richtigen Sattels unsere Hauptaufgabe. Geeignet sind Western- und Gardiansättel. Eventuell kommt auch der McClellan-Sattel in Frage. Er war ursprünglich der Armeesattel der kanadischen Polizei und besteht aus einem mit Leder verkleideten Sattelbaum. Daher ist er recht hart. Wegen der fehlenden Polsterung muß er genau passen und mit einer dicken Sattelunterlage versehen werden.

Auch einen Armeesattel oder einen speziellen Trekkingsattel können wir verwenden. Sie alle besitzen eine große Auflagefläche, viele Anbindemöglichkeiten und lassen den Reiter ermüdungsfrei sitzen.

Was aber, wenn wir uns einen solchen Spezialsattel nicht leisten können? Der normale Vielseitigkeitssattel darf benutzt werden, sofern wir keine lange Tour planen. Seine geringe Auflagefläche verteilt Reiter- und Gepäckgewicht nicht optimal, und die nachträglich angebrachten Anbindehaken reißen leicht.

Da das Gepäck wegen der Gefahr von Druckstellen niemals auf dem blanken Pferderücken liegen darf, wird über die hervorragend gepolsterte Satteldecke aus schweißaufsaugendem Material noch eine rechteckige Filzschabracke gelegt, welche die Nierenpartie abpolstert. Unter der gewohnten Zäumung trägt das Pferd ein Halfter, dessen Anbindestrick um den Hals geknotet wird.

Hauptgangart beim Wanderreiten ist der raumgreifende Schritt. Hin und wieder kann ein kurzer Trab und ganz selten einmal ein ruhiger Galopp eingelegt werden. Vor dem Ritt wird täglich sauber geputzt. Einem regennassen Pferd wäscht man die Rückenlage mit klarem Wasser gründlich ab. Dann kann es ohne Druckgefahr auch naß gesattelt werden. Regelmäßig kontrollieren wir den gesamten Pferdekörper auf Verletzungen, Insektenstiche und Schwellungen und überprüfen den Beschlag. Ob wir bei der Rast absatteln oder nur den Gurt lösen, entscheidet die Länge der Pause. Immer binden wir die Pferde unterwegs kurz und hoch an, am besten an einem zwischen starken

Der ideale Sattel fürs Wanderreiten schont den Pferderücken, läßt den Reiter bequem sitzen und bietet viele Anbindemöglichkeiten fürs Gepäck

Während der Pause wird der Beschlag kontrolliert und gegebenenfalls repariert

Bäumen gespannten kräftigen Seil, in das in regelmäßigen Abständen Knoten eingeflochten sind. So halten die Pferde untereinander Abstand.
Nach drei Tagen Wandertour freuen sich Pferd und Reiter über einen Ruhetag! Ein kurzer Ritt ohne Ausrüstung beugt Muskelkater vor. Und nach der Rückkehr in den heimischen Stall sind Weidegang und gemütliche kürzere Ausritte angesagt.

Reisegepäck für Pferd und Reiter

Atmungsaktiv, wetterfest und praktisch muß die Reitkleidung sein. Bequeme Hosen ohne drückende Innennähte, Unterbekleidung aus Polypropylen-Fasern, die den Körper angenehm trocken hält, und Oberbekleidung mit eingearbeiteter Membrane, die vor Regen und Wind schützt, gehören zur Ausrüstung des Wanderreiters. Halbhohe leichte Schnürschuhe mit Profilsohle, Frottee- oder Wandersocken, ein Allwetterhut, Lederhandschuhe, ein wasserdichter, beinumschließender Regenschutz, eine warme Jacke, ein Wechseloberhemd, Unterwäsche und im Sommer Badesachen machen seinen „Kleiderschrank" komplett. An Toilettenartikeln nehmen wir nur das Nötigste mit, dazu ein Nähset und Lederreparaturutensilien, Papier zum Feuermachen, Kompaß, Karten, Notizblock, Kugelschreiber und Personalausweis. Je weniger Gepäck wir uns und dem Pferd zumuten, desto erholsamer wird der Ritt!
Wanderreitneulinge gehen mindestens zu zweit auf Tour und können so Putzzeug, Hufkratzer, Schwamm und Lappen, Beschlagwerkzeug, Kochgeschirr, Segeltucheimer, Minisäge und die Taschenapotheke gleichmäßig auf die Pferde verteilen. Ans Pferd selbst gehören Feldflasche, Schlafsack und die zusammengerollte Isoliermatte gegen Bodenkälte. Das Gepäck wird vom Gewicht her gleichmäßig in die rechten und linken Satteltaschen verteilt, harte Sachen liegen im Mantelsack innen.

Die Route legen wir vor dem Abritt fest. Einsteiger wählen als Start- und Zielpunkt den heimischen Stall.
Selbst ungeübte Kartenleser können lernen, die beim Landesvermessungsamt erhältlichen topographischen Karten im Maßstab 1:25000 oder 1:50000 zu lesen. Auf ihnen wird die Reitroute farbig mar-

kiert. Große Orte umgehen wir möglichst. Wer schon einige Zeit vorher nach dieser Karte durch die Heimatumgebung reitet, bekommt ein Gefühl für die verzeichneten Entfernungen und die Symbole für Pfade, Land- und Forstwirtschaftswege, befestigte Wege und Straßen. Höhenlinien und konzentrische Linien zeigen Bergkuppen und Senken an. Als Faustregel gilt: 30 Kilometer Luftline auf der Karte entsprechen 45 bis 50 Kilometern Reitstrecke. Anfänger sollten weniger einplanen und fünf Stunden reine Reitzeit nicht überschreiten.

Wer die Nachtquartiere für Mensch und Pferd vorher organisiert, fremde Weiden abgeht und Zäune und Ställe kontrolliert, vermeidet böse Überraschungen. Damit Wanderreiter willkommene Gäste bleiben, bieten sie ihren Gastgebern ein faires Entgelt an. Und natürlich hinterlassen wir das Quartier ausgemistet und aufgeräumt!

Reiterrallyes – Aufgaben mit Pep

Beinahe jeder kennt die berühmte Rallye Monte Carlo, bei der quietschende Autoreifen auf glatten Pisten für Zuschauerspannung sorgen.

Wanderreiter, die Gastfreundschaft in Anspruch nehmen, revanchieren sich durch Mithilfe bei der Stallarbeit

Doch tatsächlich geht es bei einer Rallye nicht nur um Risiko und Höchstgeschwindigkeit. Grundidee aller Rallye-Veranstaltungen ist ein Stern- oder Rundlauf, bei dem unterschiedliche Aufgaben zu bewältigen sind. Rallyes gibt es für Fußgänger, Rad-, Motorrad- und Autofahrer – und natürlich auch für Reiter!

Der Erfolg jeder Rallye hängt von einer attraktiven Strecke und abwechslungsreichen Aufgaben, von der organisato-

Wettbewerbe, die Spaß machen: Bei Reiterrallyes sind die unterschiedlichsten Aufgaben zu bewältigen

rischen Vorbereitung sowie dem reiterlichen Verhalten, dem sogenannten **Horsemanship,** der Teilnehmer ab. Die Kontrollposten müssen einen Rowdy, der aus Ehrgeiz sein Pferd ungebührlich antreibt oder unfair gegen seine Mitkonkurrenten handelt, unverzüglich disqualifizieren, also von der Veranstaltung ausschließen.

Die Gesamtreitzeit beträgt durchschnittlich eineinhalb bis zwei Stunden. Dabei wird an manchen Teilstrecken ein bestimmtes Tempo vorgeschrieben. Eine beliebte Aufgabe besteht darin, einen zum Galoppieren einladenden Sandweg im Schritt am langen Zügel zurückzulegen. Wohl dem, dessen Pferd jetzt Gelassenheit zeigt!

Natürlich achten Kontrollposten überall entlang des Kurses darauf, daß niemand schummelt. Und als zusätzliche Sicherheit gegen eventuelles Verreiten erhält jeder Teilnehmer eine leicht verständliche Wegskizze. Jede Spezialaufga-

Gangart Schritt am langen Zügel, wo sonst so gerne galoppiert wird: Diese Aufgabe gehört fast schon zu den Standardprüfungen einer Reiterrallye

be ist so gestaltet, daß sie auch ausgespart oder umgangen werden kann – was natürlich zu Punkteabzug führt. Denn nicht alle Pferde bewältigen auf Anhieb das Durchreiten eines „Bändertors", den Gang über eine Holzbrücke oder den Balanceakt auf der Wippe. Was nicht weiter schlimm ist, denn die Rallye soll uns ja unter anderem einen Gedankenanreiz liefern, welche Aufgaben wir mit unserem Pferd gelegentlich intensiver üben sollten. Zu den am häufigsten verlangten Rittigkeitsbeweisen gehören der Slalom um Bäume oder in die Erde gesteckte bunte Stangen, das Übersteigen eines Bodenhindernisses ohne Anrumpler, ein

Hin und wieder ist Gleichgewichtsgefühl gefragt – allerdings nicht nur im Sattel!

„Schön stehen bleiben!" Jetzt zeigt sich, ob das Gehorsamkeitstraining Erfolg hatte

paar hundert Meter Leichttraben ohne Bügel und das Nachreiten eines mit frischem Sägemehl gezogenen Kreises oder einer Acht. Andere Aufgaben wollen herausfinden, wie gut die Zusammenarbeit zwischen uns und unserem vierbeinigen Partner funktioniert: Wir müssen absitzen, absatteln, das Pferd über einen vorgeschriebenen Kurs führen, aufsatteln und wieder aufsitzen – alles selbstverständlich ohne Anbindehilfe! Oder das Pferd soll unangebunden in einem aufgemalten Kreis stehen bleiben, während wir uns 20 Meter weit fortbewegen. Und natürlich muß jeder Reiter beweisen, daß er einen Hufkratzer bei sich hat und einen Sicherheitsknoten binden kann! Manche Rallye-Veranstalter testen auch Ortskenntnis und Orientierungsvermögen: „Wie heißt die Kirche mit dem Zwiebelturm?“ und: „In welcher Richtung liegt Süden?“ Der glückliche Sieger darf zum Abschluß eine Ehrenrunde reiten – meist allerdings auf einem Steckenpferd, während sein eigenes schon die Nase ins wohlverdiente Heu steckt!

Urlaub im Sattel

Ferien mit Pferden stehen auf dem Wunschzettel vieler junger Reiter ganz oben. Die Spezialveranstalter für Reiterreisen bieten eine bunte Palette unterschiedlicher Möglichkeiten an. Vom Stationärprogramm auf Reiterhöfen und Farmen in aller Welt über Trekkingritte mit Hotel- oder

Nachgurten nicht vergessen! Bei den meisten Reiterhöfen sind zwei Reitstunden pro Tag im Preis inbegriffen

Zeltübernachtung bis hin zu anspruchsvollen Kursen in Gestüten und Ausbildungsstätten reicht das Angebot. Doch viele dieser Möglichkeiten können erst Jugendliche ab 18 Jahren selbständig nutzen. Jüngere müssen in Begleitung der Eltern reisen.
Den meisten Spaß versprechen daher wohl Ponyhöfe, die ausschließlich junge Leute – meist zwischen neun und achtzehn Jahren – aufnehmen. Viele inserieren in Pferdefachzeitschriften, weitere Anschriften erfährt man von Fremdenverkehrsvereinen.
Die schönsten Höfe allerdings haben kaum Werbung nötig: Ihre Stammkunden machen so viel Mundpropaganda, daß sie oftmals ein Jahr im voraus ausgebucht sind!

Wie zu Hause fühlen sich auf dem Ferienhof Gäste, die „ihrem" Betrieb schon seit Jahren die Treue halten

Auf jeden Fall empfiehlt sich ein Vorabbesuch, bei dem wir uns genau umschauen und möglichst viele der folgenden Fragen mit einem „Ja" beantworten können sollten:

Ferienhofpferde, die artgemäß im Herdenverband auf großen Weiden gehalten werden, sind ausgeglichener, gesünder und damit auch sicherer

Ferienspaß, bei dem rund um die Uhr Pferde dabei sind ...

..., wünschen sich die meisten reitbegeisterten jungen Leute

- Macht die Anlage einen gepflegten Eindruck, sind Schlaf- und Aufenthaltsräume sauber und hübsch eingerichtet?
- Sehen die Pferde gesund, wohlgenährt und freundlich aus, sind die Hufe tipptopp in Ordnung?
- Werden alle Tiere artgerecht, also möglichst in Offenställen, Ausläufen und auf Koppeln gehalten?
- Ist für jedes Pferd einwandfreies Sattel- und Zaumzeug vorhanden?
- Sind mindestens ein bis zwei Reitstunden oder geführte Ausritte pro Tag im Preis inbegriffen?
- Gibt es Spiel- und Sportmöglichkeiten außerhalb der reinen Reitzeiten?

Der Veranstaltungskalender eines Hofes verrät viel über Ideenreichtum und Abwechslung. Wo Indianertage, Sommerzeltlager, Kostümfeste, Wanderritte oder Nachtwanderungen zu Pferd angekündigt werden, fühlt sich wahrscheinlich jeder wohl!

Auf einen Blick

Wer viel ausreiten möchte, kann sich in speziellen Lehrgängen darauf vorbereiten:

- Den Reiterpaß bieten Reitbetriebe an, die der Deutschen Reiterlichen Vereinigung angeschlossen sind.
- Die Bunte Windrose kann man bei der Vereinigung der Freizeitreiter in Deutschland erwerben.

Fortgeschrittenen Geländereitern bietet sich die Möglichkeit der Teilnahme an:

- Reitjagden,
- Distanzritten,
- Wanderritten und
- Pferderallyes.

- Für die Reitjagd muß das Pferd ein gelassenes Temperament und eine gute Galoppade besitzen und ein routinierter Springer sein.
- Das Distanzpferd braucht Gehwillen, eine erstklassige Kondition und Nervenstärke.
- Wanderritte gelingen nur mit einem ausdauernden, gesunden, leichtfuttrigen und an jede Art von Straßenverkehr gewöhnten Pferd.
- Bei Pferderallyes müssen unsere Pferde Rittigkeit, Gehorsam und Konzentrationsvermögen beweisen.

Es gibt viele Möglichkeiten, mit Pferden Urlaub zu machen:

- in Begleitung der Eltern auf Reiterhöfen und Farmen im In- und Ausland,
- allein ab 16 oder 18 Jahren auch auf Wanderritten weltweit und
- auf Ponyhöfen, die ausschließlich junge Leute aufnehmen.

Durch manchen unserer Träume tanzt unser Traumpferd, geheimnisvoll und wunderschön

So helfe ich mir bei Problemen

Hegt nicht jeder Reiter den geheimen Wunsch vom Traumpferd, das ihn niemals im Stich läßt, geschweige denn in Situationen bringt, die seine Sattelfestigkeit in Frage stellen? Dennoch wissen wir, daß Pferde unterwegs erschrecken, durchgehen, buckeln oder steigen können, daß sie vor dem Aufsitzen manchmal nicht stillstehen oder sich nur mit Mühe von ihrem Stallkumpel fortbewegen lassen. Wie alle Herdentiere fühlen Pferde sich besonders wohl, wenn ihr Leben in geordneten Bahnen verläuft. Ihre innere Uhr arbeitet präzise und regelt Freß-, Schlaf- und Bewegungsphasen. Ihr ausgezeichnetes Erinnerungsvermögen läßt sie in der Trockenheit Wasserstellen und bei Unwetter schützende Plätze wiederfinden. Umgekehrt wird die Baumgruppe, von der aus ein Beutetier das älteste Herdenmitglied ansprang und zu Boden warf, auf immer gemieden werden. Auf diesem herrvorragenden Lern- und Erinnerungsvermögen baut die Ausbildung eines jungen Pferdes auf. Diese Tatsache kann auch unerwünschte Folgen haben, wenn der Ausbilder jähzornig, ungeduldig oder gedankenlos handelt.

Ein überfordertes, verunsichertes Pferd ängstigt sich vor jeder ungewohnten Situation und wird so allmählich zu dem, was gedankenlose Reiter dann „Problempferd“ nennen. Der wirkliche Verursacher dieser Probleme aber ist der Mensch! Und langfristig erfolgversprechend sind nur Trainingskonzepte, die die problematischen Verhaltensmuster „aufweichen“ und das Pferd wieder lernwillig und lernfähig machen.

Die artgemäße Haltung

Jede Schwierigkeit beim Umgang mit Pferden oder beim Reiten hat mindestens eine Ursache, meist sogar mehrere. Hauptauslöser all dessen, was man fälschlich „Untugenden“ nennt, ist falsche Pferdehaltung. Pferde brauchen neben individueller Fütterung und Pflege vor allem ständigen hautnahen Kontakt zu den Artgenossen und ausreichend freie Bewegungsmöglichkeit. Boxen-Einzelhaft und Bewegungsmangel, meist mit gleichzeitiger Überfütterung verbunden, machen Pferde seelisch und körperlich krank. Solche Pferde können niemals zufriedene, sichere Freizeitpartner sein!

Gehorsam und flexibel

Fürs Geländereiten brauchen wir Pferde, die willig mitarbei-

Sowohl die Haltungsform als auch die Art der Zuwendung, die wir unseren Pferden geben, wirken sich auf Körper und Psyche aus

ten. Sie müssen daher zum einen gehorsam, zum anderen flexibel, also anpassungsfähig sein. Beides läßt sich trainieren.

Zum **Gehorsamkeitstraining** gehört, daß unser Pferd lernt, ruhig zu stehen: beim Putzen und Satteln, beim Aufsitzen und natürlich unterwegs – zum Beispiel an Straßen- und Wegkreuzungen, wenn wir Bekannte treffen oder ein landwirtschaftliches Fahrzeug vorbeifahren lassen möchten. Die ersten Stillstehversuche, bei denen das Pferd entweder ein stabiles Stallhalfter oder eine leichte Zäumung trägt, machen wir auf einem ungestörten eingezäunten Gelände, beispielsweise einem Hof oder einer Wiese. Der Führstrick sollte ungefähr so lang sein, daß er bis auf den Boden reicht, wenn das Pferd entspannt unangebunden steht. Nicht jeder vierbeinige Zappelphilipp wird unser Kommando „Steh!“ sofort minutenlang befolgen. Wichtig ist, daß wir die Übung mit einem deutlichen Lob abbrechen, *bevor* das Pferd von sich aus antritt. Nur so prägt es sich den Zweck der Übung ein. Mit der entsprechenden Geduld können wir einem Pferd nach und nach beibringen, daß es immer und beinahe überall, wo keine Gefahr droht, gelassen stehen bleibt, während wir uns für eine kurze Zeit entfernen. Übrigens: Diese Übung ist Bestandteil vieler Pferderallyes!

Zum Gehorsamkeitstraining gehört das ruhige Stehenbleiben

Ein gehorsames Pferd wartet unser Kommando beziehungsweise unsere reiterlichen Hilfen ab, bevor es sich in Bewegung setzt oder Gangart und Tempo wechselt. Viele Pferde trippeln los, bevor ihr Reiter richtig aufgesessen ist. Andere traben oder galoppieren unweigerlich an bestimmten Punkten im Gelände an, weil sie genau wissen, daß hier die gewohnte Galoppstrecke beginnt. Was aber, wenn der Tierarzt ein Vierteljahr Schrittreiten verordnet hat und das Pferd sich nicht um seinen gewohnten Galopp von Punkt A nach Punkt B bringen lassen möchte?

Hier geht die am Anfang des Kapitels erwähnte **Flexibilitätserziehung** mit dem Gehorsamkeitstraining Hand in Hand: Die tägliche Runde, bei der bestimmte Wege immer im gleichen Tempo geritten werden, macht das Gewohnheitstier Pferd unflexibel und damit ungehorsam. Viel besser ist es, je nach Bodenbeschaffenheit unterschiedliche Routen in immer wechselnden Gangarten zu reiten, häufig Schritt auf den üblichen Galoppstrecken zu fordern, Umwege einzubauen oder einfach einmal anzuhalten und umzukehren. Auch der Wechsel zwischen Gelände- und Hallenarbeit, häufige Bodenarbeit an der Hand und an der Longe, Ausritte zu verschiedenen Tageszeiten, mit wechselnden Mitreitern und zu unbekannten Zielorten erziehen ein Pferd zu mehr Flexibilität. Je häufiger es die Erfahrung macht: „Egal, wohin wir gehen – mir passiert nichts Schlimmes!“, desto mutiger wird es. Und auf dem Rücken selbstsicherer Pferde ist auch der Reiter sicherer!

Durch abwechslungsreiche Arbeit werden Pferde zum Mitdenken angeregt

Mein Pferd ist so schreckhaft!

Schnelle Reaktionen sicherten dem Fluchttier Pferd einst das Überleben. Dieser **Fluchtmechanismus** funktioniert auch heute noch. Eine echte oder vermeintliche Gefahr wird über das Auge, das Gehör, den feinen Geruchssinn oder den Tastsinn wahrgenommen und blitzschnell ausgewertet: Ist Flucht möglich, oder muß ich kämpfen?
Unsere heutigen Reit- und Fahrpferde nehmen nach wie vor mögliche Gefahren wahr. Doch statt zu kämpfen, beschränken sie sich meist auf Drohgesten, und anstatt panikartig davonzustürmen, scheuen viele.

Ein scheuendes Pferd hebt ruckartig den Kopf und hält ihn dann schief. Damit projiziert es das Bild der vermeintlichen Gefahr an die richtige Stelle seiner Augennetzhaut. Es macht einen Schlenker mit dem ganzen Körper zur Seite, beugt reflexartig Karpalgelenke und Hanken und springt zur Seite oder in die entgegengesetzte Richtung. Diese Seiten- oder Drehsprünge sind mehr oder weniger heftig und hoch und können den Reiter aus dem Sattel katapultieren. Hat das Pferd die Möglichkeit, so springt es zur Seite oder ganz herum und stürmt im Galopp davon.

Ein Pferd erschrickt – jeder Reiter und Pferdehalter wird eines Tages mit einer solchen oder ähnlichen Situation konfrontiert

Langsamer Abbau der Angst

Bei unserem Training gegen die Schreckhaftigkeit führen wir das Pferd zunächst an der Hand und im Beisein eines gelassenen anderen Pferdes, später vom Sattel aus, behutsam an den Schreckauslöser heran. Das wichtigste ist dabei, das Pferd nicht an das Hindernis heranzuzwingen, sondern ihm Zeit zu lassen. So kann es das Fremde von weitem in Augenschein nehmen und sich immer näher heranwagen. Immer gehen wir dabei zwischen Pferd und Hindernis, gleich, von welcher Seite aus wir dabei führen müssen. Aus der Sicht des Pferdes blockt unser Körper dadurch den vermeintlichen Angriff ab. Jeden vorsichtigen Schritt vorwärts loben wir ausgiebig. So wird das Pferd mit der Zeit selbst entdecken, daß das Hindernis gar keine Gefahr darstellt.

Ausritte und Spaziergänge an der Hand im geruhsamen Schritt fördern die Ausgeglichenheit des Pferdes. Wir setzen unsere beruhigende Stimme ein oder singen leise. Im Sattel bemühen wir uns um einen entspannten Sitz, ohne dabei den leichten Knieschluß aufzugeben, und halten sanft Verbindung zum Pferdemaul. Längere Bügel findet man nach einem Seitensprung leichter wieder als die zu kurz geschnallten. Ein anderer Satteltypus, zum Beispiel ein Westernsattel, kann uns insgesamt mehr Halt geben. Und

Flatternde Plastikstreifen werden im Verlauf des Trainings zur Selbstverständlichkeit

Am Ende der Ausbildung nimmt der einst schreckhafte Schüler das Geräusch des hinter ihm herschleifenden Gegenstandes mit Gelassenheit zur Kenntnis

Ausgeglichene Pferde bewahren sich bei allem Vorwärtsdrang ihre Gelassenheit ...

eine milde Zäumung vermindert den Schmerz im Pferdemaul, wenn es sich ruckartig herumdreht!

Achtung – Durchgänger!

Wer ans Durchgehen denkt, stellt sich in erster Linie ein im Galopp davonstürmendes Pferd vor. Doch Durchgehen bedeutet mehr! Das Pferd entzieht sich völlig den reiterlichen Hilfen, und das kann nicht nur im Galopp, sondern auch im Trab oder Tölt und sogar im Schritt passieren. Auch Durchgehen hängt mit dem Fluchtmechanismus zusammen.

Unsere Reitpferde zeigen verschiedene Arten des Durchgehens. Wenn ein Pferd erschrickt und angstvoll davonstürmt, so ist das eine natürliche Verhaltensweise. Mißachtet es aber an der gewohnten Galoppstrecke jede Parade und entwickelt Höchstgeschwindigkeit, so ist der Fehler *immer* beim Ausbilder und Reiter zu suchen. Meist werden solche Strecken wegen des einladenden Bodens ständig im Galopp geritten. Zusätzlich wurde dem Pferd wahrscheinlich immer wieder Renntempo erlaubt.

Eine Abart des Durchgehens ist das sogenannte **Pullen**. Puller heizen sich oft schon im Arbeitstrab und im gemächlichen Galopp so auf, daß sie nur mit Mühe noch zu halten sind. Kaum reitbar sind sie in der Gruppe mit mehreren Pferden und geradezu lebensgefährlich bei Veranstaltungen wie Distanzritten oder Reitjagden. Mit vielen Pullern wurden „nur so zum Spaß" früher Wettrennen geritten, andere Pferde entwickeln von Natur aus Ehrgeiz. Beide Typen sind schwer zu kurieren.

Manchmal versucht ein Durchgänger, dem Schmerz davonzulaufen. Eine ganz milde Zäumung, ein perfekt passender Sattel, eine Umstellung der Reitweise auf entlastenden leichten Sitz und sehr vorsichtige Zügelführung helfen hier.

..., andere wiederum reagieren auf die Herausforderung der schnellen Gangart mit erhöhter Nervigkeit

Immer mit der Ruhe

Durchgänger brauchen viel Bewegung in gemächlichem Tempo, Spaziergänge an der Hand ebenso wie Ausritte im Schritt. Sie werden im Schritt und Trab longiert und regelmäßig durch Zirkel, Volten, Schlangenlinien, Seitengänge, Schulterherein und Anhalten aus Schritt und Trab gymnastiziert. Ein sensibler Reiter spürt, wann sein Pferd seelisch und körperlich so ausgeglichen ist, daß er einen ruhigen Trab wagen darf. Den Galopp streichen wir viele Wochen lang und beschränken uns anschließend auf einen ruhigen **Kanter**. Dieser Begriff kommt aus dem Englischen und bedeutet Handgalopp. Er sollte so langsam sein, daß eine Führperson mitlaufen kann. Außerdem vermeiden wir bei der Routenwahl jede Routine. Unser Ziel ist ein aufmerksam auf den Reiter horchendes Pferd, das gern und willig jede Strecke im geforderten Tempo zurücklegt.

Pullende Pferde werden genauso trainiert. Sind sie insgesamt

Daß Arbeit auch in ganz gemütlichem Herumgehen an der Longe bestehen kann, lernt diese zum Durchgehen neigende Stute

ausgeglichen geworden, reiten wir zunächst in Begleitung eines ruhigen Stallkameraden im Schritt aus. Einige Zeit später dürfen sich weitere geduldige Mitreiter hinzugesellen. Allerdings müssen alle bereit sein, notfalls sofort abzusitzen und ihre Pferde zu führen, wenn der Puller beginnt, sich aufzuregen. Leider läßt sich nicht jeder Puller zu einem leichtrittigen Gruppenpferd umerziehen. Manchmal müssen wir die Grenzen eines Erziehungsprogramms akzeptieren und ein solches Pferd eben allein ausreiten. Zur Sicherheit hinterlassen wir dann im Stall eine Notiz mit Uhrzeit und Ziel unseres Rittes.

Zum Training des Pullers gehört der gemeinsame Ausritt mit einem ruhigen Begleitpferd

Der Reiter selbst braucht einen Sattel, in dem er sich sicher fühlt. Das A und O während des Durchgehens ist die weiche und tiefe Hand, die einseitig den Zügel annimmt und

wieder nachgibt. Mit der Stimme versuchen wir, beruhigend auf das Pferd einzuwirken. Auf freiem Feld leiten wir einen Zirkel ein und verkleinern ihn allmählich. Nähert sich allerdings Gefahr, müssen wir hart zufassen: Die rechte oder linke Hand nimmt den Zügel wiederholt ruckartig stark an und versucht, den Pferdekopf herumzureißen, um das Pferd aus der starken Geradeausdehnung herauszulösen.
Übrigens spüren wir es meist, wenn unser Pferd sich aufheizt! Eine abrupte Kehrtwendung läßt uns dann gerade noch genug Zeit zum Abspringen. Wir versuchen, vom Boden aus das Pferd zu beruhigen, und führen es, bis es sich entspannt hat.

Sobald das Pferd nervig wird, sitzt der Reiter ab und führt es, bis es sich wieder entspannt hat

Buckeln – Rodeo im Gelände?

Die Jungpferde galoppieren über die riesige Koppel, und in das Trappeln der Hufe mischen sich vergnügte Quietschlaute. Köpfe senken sich zwischen die Vorderbeine, mutwillig schlagen die Fohlenbeine heftig schräg nach hinten aus. Die Zuschauer am Koppelzaun freuen sich über so viel Lebensfreude. Doch im Sattel eines buckelnden Pferdes vergeht den meisten Reitern das Lachen. Wie schnell katapultiert uns das heftige Auf- und Abwärts des Pferderückens nach vorn auf den Pferdehals oder zur Seite. Im schlimmsten Fall stürzen wir unsanft auf den Reitweg.
Buckeln kann mehrere Gründe haben: Freude am Spiel und Bewegungslust, aber auch Muskelverspannungen nach langem Stehen in der Box oder bei kalten Außentemperaturen. Oder bereitet eine Druck-

Spielende Pferde drücken ihre Lebensfreude durch heftige Buckler aus

stelle auf dem Rücken unter dem Gewicht von Sattel und Reiter Schmerzen? Buckeln kann auch Unwilligkeit ausdrücken, etwa weil der Reiter eine ungeliebte Aufgabe verlangt. Und oft sticht schlichtweg der Hafer. Viele Pferde erhalten zu große Kraftfutterportionen, deren Eiweißgehalt der Körper bei mangelnder Bewegung nicht abbauen kann. Nervigkeit und übermäßiger Bewegungsdrang sind die Folge.

Unter dem Sattel bringt das Buckeln den Reiter in höchst unangenehme Situationen

Pferde buckeln freilaufend auf der Weide oder auf dem Platz, sie buckeln an der Longe, unterm Sattel meist an bestimmten „Scheustellen" der Halle oder des Außenvierecks und im Gelände manchmal beim Angaloppieren oder mitten im Galopp, wenn der Übermut sie packt. Oft schlagen sie dabei heftig aus. Daher sollte man unbedingt einen Sicherheitsabstand einhalten. Manche Pferde nehmen nur den Kopf tief und wippen schaukelpferdgleich, andere drehen bei tiefem Kopf Hals und Rumpf ruckartig zur Seite. Besonders gefürchtet sind Pferde, die mit tiefem Kopf und steifen Beinen hochspringen und blitzschnell ihren gesamten Körper schlangengleich winden. Lassen sie sich alle therapieren, also heilen?

Bewegung und Disziplin

Das buckelnde Pferd muß seinen Spieltrieb ausleben dürfen, indem es täglich mit mehreren Artgenossen auf großer Fläche frei laufen darf. Ein Kleinpaddock genügt nicht! Unser „Rodeopferd" begleitet uns im Schritt und Trab auf Spaziergängen und beim Joggen und wird vor dem Reiten ohne Sattel longiert.
Das Auflegen des Sattels jedoch signalisiert Disziplin: Ab sofort ist Buckeln verboten! Beim Sattel tragen eine tiefe Sitzfläche, hohe Zwiesel und breite Bügelauflageflächen zu unserer Sicherheit bei. Trotz unserer Angst versuchen wir, auf dem Pferderücken in der Hüfte beweglich zu bleiben, halten sanften Knieschluß und stoßen vor allem die Fersen nicht in den Pferdeleib. Wir halten weiche Verbindung zum Pferdemaul und verzichten einige Zeit auf die Gangart, in der das Buckeln gehäuft auftritt. Wir probieren, ohne Einsatz des Schenkels, nur auf Stimmkommando aus dem ruhigen, gleichmäßigen

Die Kraft, mit der sich ein buckelndes Pferd selbst in die Höhe katapultiert, ist gewaltig

Das zum Buckeln neigende Pferd wird vor dem Reiten ohne Sattel longiert

Trab in einen ruhigen Kanter zu „rollen“. Das nennt man einen fließenden Gangartenwechsel.
Ein sensibler Reiter spürt es, wenn sein Pferd buckeln möchte. Es spannt dann die Halsmuskulatur an und versucht, den Kopf zu senken, um in dieser Körperhaltung auch den Rücken steif machen zu können. Wir reden es sofort mit einem energischen „Nein!“ an und geben wenige kurze, aber spürbare einseitige Paraden. Jedes Nachlassen der Körperanspannung wird sofort mit schmeichelnder Stimme gelobt, der Zügel gibt unverzüglich nach.
Während des Buckelns selbst sind wir im leichten Sitz mit gut angelegten Knien und Waden am sichersten. Sitzen wir im Sattel ein, wird unser Gesäß beim ersten Bocksprung hochkatapultiert, und wir geraten hinter die Bewegung! Es ist leichter, das Buckeln abzublocken, als so viel Kraft aufzubringen, daß uns das Pferd nicht den Zügel aus der Hand reißen kann. Wichtig ist es, das Pferd anschließend weiter vorwärts zu reiten, um den flüssigen Bewegungsablauf wiederherzustellen. Ängstlich zurückgehaltene Pferde heizen sich auf, um irgendwann ihrer Anspannung Luft zu machen – und zwar „explosiv“!

Ein flüssiger Bewegungsablauf – wie hier im ruhigen Kanter – ist eine wichtige Zielsetzung des Trainings

Was ist eigentlich Sattelzwang?

Ein alter Kavallerist erklärte einem Laien diesen Begriff sehr einprägsam: „Der buckelt schon, ehe es überhaupt losgeht!“ Pferde, die unter Sattelzwang leiden, reagieren oftmals panisch, wenn der Reiter sich auch nur mit dem Sattel nähert. Sie springen herum, manche werfen sich sogar zu Boden. Andere lassen den Reiter nicht aufsitzen, steigen und buckeln an der Hand. Erstaunlich ist, daß die meisten solchen Pferde sich unterwegs problemlos auch beim Auf- und Absitzen handhaben lassen.

Der Grund für den Sattelzwang ist überwiegend in falscher Ausbildung zu suchen. Wahrscheinlich wurde der Rücken des Jungpferdes zu früh belastet, der Ausbilder machte es nicht behutsam genug mit dem Gewicht des Sattels und dem Anziehen des Gurtes bekannt und plumpste zudem „wie ein nasser Sack“ auf den Pferderücken!
Eine offene oder geschwollene Stelle im Rücken- oder Gurtbereich läßt sich leicht erkennen, andere körperliche Gründe kann nur ein Tierarzt diagnostizieren.
Unser Training soll dem Pferd die Angst vor Sattel, Gurt und Reitergewicht nehmen. Es beginnt damit, daß wir das Pferd daran gewöhnen, sich überall am Körper mit den unter-

Ruhig und gelassen läßt dieses Pferd seine Reiterin den Gurt anziehen. Von dieser Selbstverständlichkeit träumt der Reiter eines Pferdes mit Sattelzwang

Das Aussacken stammt aus der Westernreiterei und leistet jedem Reiter gute Dienste. Durch vorsichtiges Berühren am ganzen Körper lernt das Pferd die Ungefährlichkeit von flatternden Stoffen und Planen kennen

schiedlichsten Materialien wie Hand, Gerte, Tuch, Satteldecke und Plastiktüte berühren zu lassen. Der Westernreiter nennt das **Aussacken.**

Dann lernt es, mit einer oder auch mehreren Decken auf seinem Rücken geführt zu werden. Dabei sorgt ein Helfer dafür, daß die Decken nicht verrutschen.

Der nächste Schritt ist das Stehen, Führen und Longieren mit Longiergurt mit und ohne Satteldecke. Erst danach legen wir vorsichtig einen Sattel auf. Der Gurt wird nur im letzten Loch befestigt, jedes weitere Loch folgt schrittweise beim Herumführen.

Wollen wir ausreiten, sitzen wir niemals direkt nach dem Satteln auf, sondern beruhigen das Pferd durch einen kleinen Spaziergang. Im Gelände wird es wahrscheinlich bald das leichte Nachgurten akzeptieren, das notwenig ist, um ohne Verrutschen des Sattels aufzusitzen.

Ansonsten kehren wir in Ruhe zum Stall zurück und bitten einen Helfer, den rechten Steigbügel gegenzuhalten.

Ein Tip: Wir probieren, von der anderen, also von der rechten Seite her aufzusitzen – das wirkt bei manchen Pferden Wunder!

Was tun, wenn das Pferd steigt?

Viele Reiter sind entsetzt, wenn ihr vierbeiniger Partner sich plötzlich und anscheinend grundlos irgendwo im Gelände jeder Hilfe durch Steigen entzieht. Gibt der Reiter nach, marschiert es friedlich vorwärts, als gäbe es keinerlei Meinungsverschiedenheiten.

Steigen ist immer ein Signal der Abwehr. Freilaufend in der Herde steigen Hengst- und Stutfohlen bei ihren Kampf- und Rangordnungsspielen, um den Gegner durch Schläge mit den Vorderhufen abzuwehren und gleichzeitig den eigenen Hals vor einem Biß zu schützen. Bei Hengstkämpfen in freier Wildbahn hat der kraftvolle Biß in die Drosselvene meist den Tod zur Folge. Beim Steigen wird die im Schritt, Trab und Galopp fließende Vorwärtsbewegung unterbrochen. Es erfolgt immer aus dem Stand oder dem Rückwärtstreten. Dies zu wissen ist für das Training wichtig! Bei der Arbeit an der Hand oder unterm Sattel steigen Pferde aus vielerlei Gründen. Das kann Angst vor Schmerzen sein, die durch Gebiß, Sporen, Sattel oder falsches Verhalten des Reiters ausgelöst werden. Oder es ist die

Angst vor einer schwierigen Aufgabe, vor einem Sprung oder dem Vorübergehen an einem furchterregenden Gegenstand. Auch Arbeitsunlust oder Dominanzverhalten können die Ursache sein. Ganz schlimm ist es, wenn Pferde aus allgemeiner Frustration steigen, weil sie nicht artgemäß gehalten werden.

Steigen erfolgt immer aus dem Stand oder aus dem Rückwärtstreten heraus

Steiger werden von vielen Reitern gefürchtet, denn zur Gefahr des Sturzes vom Pferderücken kommt noch das Risiko, unter das Pferd zu geraten, wenn es sich überschlägt. Die sehr brutalen Mittel, die mancherorts angewandt werden, um einen Steiger „zu heilen“, werden hier absichtlich nicht genannt. Sie verstärken Abwehr und Unzufriedenheit beim Pferd um ein Vielfaches! Um beim Steigen möglichst einen Sturz zu vermeiden, schließen wir Knie und Schenkel, beugen den Oberkörper nach vorn und umklammern den Pferdehals. Sobald die Vorderfüße des Pferdes wieder auf dem Boden aufsetzen, treiben wir es energisch vorwärts. Sollte das Pferd beim Steigen allerdings das Gleichgewicht verlieren und beginnen, hinten überzukippen, nehmen wir

Steiger werden gefürchtet. Es besteht immer die Gefahr, daß sie sich mitsamt dem Reiter überschlagen

Dieser Reiter verhält sich richtig: Er beugt sich nach vorn und umfaßt den Pferdehals

schnellstens die Füße aus den Bügeln und lassen uns seitwärts aus dem Sattel gleiten.

Erst mal richtig ausspannen

Die langfristig wirksamste Therapie zielt darauf ab, dem Pferd die Freude an der Arbeit mit dem Menschen wiederzugeben. Nachdem ein kundiger Tierarzt es untersucht und eine körperliche Erkrankung ausgeschlossen hat, werden ihm ein paar Wochen lang Erholung und Auslauf im Herdenverband gegönnt. Wir besuchen es täglich, gehen mit ihm spazieren und lassen es Dinge tun, die es mag, zum Beispiel „Freilongieren", also Rundlaufen ohne Longe. Später begleitet der Steiger ein befreundetes Pferd als Handpferd ins Gelände, dem er aus dem Herdentrieb heraus folgt. Der Reiter des Führpferdes sitzt unterwegs öfter ab und führt beide Pferde. So prägt sich dem Steiger ein, daß Absitzen und Geführtwerden normal sind und nicht mit Angst und Widersetzlichkeit in Verbindung gebracht werden müssen.

Jegliche Arbeit gestalten wir abwechslungsreich. Aufgaben, die früher das Steigen auslösten, werden zunächst gemieden. Beim Reiten selbst gilt es, den ruhigen Vorwärts-Abwärts-Bewegungsfluß durch Ritte im Schritt, Jog-Trab und Kanter am langen Zügel zu fördern. Angst und Schmerzen im Maul begegnen wir mit einer weichen Nasenzäumung. Durch scharfe Nasenzäumung verdorbene Pferde brauchen ein mild wirkendes Gebiß aus Leder oder Weichgummi. Spüren wir unterwegs, daß das Pferd sich unter uns verspannt, treiben wir es vermehrt und leiten große Volten oder Schlangenlinien ein. Auf keinen Fall ziehen wir es angstvoll mit harter Zügelhand zusammen, bis es anhält oder gar rückwärtstritt.

Der Kleber: „Nicht ohne meinen Kumpel!"

Es ist der angeborene Herdentrieb, der ein Pferd veranlaßt, zu folgen: der Mutterstute, dem Leittier, dem Herdenmitglied. Allein gelassen fühlt es sich unsicher. Warum sonst würde ein Pferd selbst einen Elektrodrahtzaun umrennen, nur um nicht allein auf der Weide bleiben zu müssen? Artgemäße Haltung bedeutet daher auch stets, mehrere Pferde zusammen zu halten. Ein isoliert gehaltenes Pferd entwickelt Verhaltensstörungen, wird seelisch und körperlich krank.

Bewegung im Gelände ohne reiterliche Einwirkung genießt der Steiger, wenn er einen Stallkameraden als Handpferd begleitet

Zum Trainingskonzept gehört Arbeit, die fordert, aber nicht überfordert

Meist gelingt es nur mit gutem Zuspruch und Geduld, einen Kleber dazu zu bewegen, allein in den Transporter zu steigen

Als **Kleber** bezeichnen wir Pferde, die niemals allein sein wollen. Sie „kleben" beim Ausritt am Schweif des Vorpferdes, lassen sich ohne Begleitpferd nicht vom Stall wegbewegen oder beschließen nach wenigen mutigen Schritten, daß es ohne den vierbeinigen Freund doch nicht geht. Wird eine Fahrt zur Tierklinik notwendig, muß ein zweites Pferd mit verladen oder der Kleber medikamentös beruhigt werden. Er besitzt die schrillste Stimme im Stall, schlägt allein gelassen die Box zu Kleinholz und durchbricht massive Zäune. Sollte jemand ihn mit allerlei Tricks zum Alleingang bewegt haben, rast er nach blitzschneller Kehrtwendung zum heimatlichen Hof zurück ... Ansonsten ist er der anhänglichste Vertreter seiner Art. Er liebt ja Gesellschaft!

Die meisten Pferde mit diesem Verhalten kommen aus Zweier-Gemeinschaften, die jahrelang zusammen gehalten und geritten wurden. Aber auch ein rangniedriges Pferd innerhalb einer größeren Gruppe, das einen Kumpel gefunden hat, der ihn voll akzeptiert, kann diese Verhaltensweise entwickeln.

Die Stärkung des Selbstvertrauens ist das Ziel unseres Trainings. Der Kleber wird als einziges Pferd kurze Zeit lang vor dem Stall angebunden und durch einen Menschen abge-

Zwei Pferde, die ständig zusammen gehalten werden, können sich zu Klebern entwickeln

Muß der Kleber allein stehen, verhilft ihm allerlei Betrieb um ihn herum zur Ablenkung

lenkt. Wir arbeiten mit ihm an der Hand im Hofbereich und fordern Aufgaben, die er leicht erfüllen kann, so daß er viel Lob erhält. Vorsichtig erweitern wir den Radius unserer Arbeit, so daß er erst sekunden-, dann minutenlang außer Sichtweite der Artgenossen gerät. Er sollte zurückgeführt werden, bevor er angstvoll zu wiehern oder zu zerren beginnt. Daheim wird ihm das sich langsam steigernde Alleinsein durch besondere Leckerbissen schmackhaft gemacht.

Beim gemeinsamen Ausritt achten die Reiter auf korrekte Abstände, reiten gegebenenfalls immer wieder eine Volte und trennen sich hin und wieder ein paar Augenblicke lang: Einer reitet einen großen Zirkel, um gleich darauf zurückzukehren, während der Kleber mit einem Leckerbissen belohnt wird. Allmählich werden die Trennphasen verlängert, enden aber immer noch mit der Rückkehr des Partners. In unserem Pferd muß sich die Erfahrung verankern: „Auch wenn ich allein bin, passiert mir nichts."

Mit Geduld und Einfühlungsvermögen lassen sich viele Kleber langfristig umerziehen. Bei anderen aber, vor allem bei älteren Pferden, die über lange Zeiträume an einen bestimmten Artgenossen gebunden waren, lassen sich die Symptome lediglich mildern.

Als wirklich sattelfest – wenn auch ohne Sattel – kann sich jemand bezeichnen, der „Ungarische Post" reitet und dabei noch ein Hindernis überspringt

So wird man sattelfest

„Dich bringt nichts so schnell aus dem Sattel!" Wer diese Aussage über sich hört, hat allen Grund, vor Freude rot zu werden.
Nicht nur die Angst vor einem Sturz läßt uns wünschen, endlich richtig sattelfest zu werden. Es ist auch ein beglückendes Gefühl, zu entdecken, daß der eigene Körper den Bewegungen des Pferderückens auch in extremen Situationen zu folgen vermag. Regelmäßige Waldläufe und Gymnastik steigern insgesamt unsere Kondition. Wir ermüden dann weniger schnell, weil unser Blut mehr Sauerstoff enthält. Im Zustand der Ermüdung lassen unsere Reflexe nach, und wir reagieren im Sattel langsamer auf eine unerwartete Bewegung des Pferdes.
Lockerungsübungen vor dem Reiten bringen unseren Kreislauf in Schwung. Geschmeidigkeit schützt unsere Bänder und Sehnen vor Überdehnung und Verletzung. Wiederholtes Falltraining unter fachmännischer Leitung, zum Beispiel eines Judo-Lehrers, auf der dikken Matte der Turnhalle und später mit Pferd auf dem weichen Belag des Reithallenbodens oder im dicken Gras einer Wiese lehrt uns, wie wir uns im Falle eines Sturzes abrollen müssen. Allein das Wissen darum, daß wir die korrekte Falltechnik beherrschen, läßt uns entspannter im Sattel sitzen. Das wiederum überträgt sich aufs Pferd und regt seine Arbeitslust an.

Fallen „nur so zum Spaß" macht allmählich mit der richtigen Technik vertraut

Auch wenn jeder Reitschüler einen besonderen Liebling hat: Je mehr Pferde und Ponys wir in allen Gangarten, also auch in Tölt und Paß, und in möglichst verschiedenen Satteltypen reiten, desto sattelfester werden wir. Jedes Pferd bewegt sich und reagiert anders. Auf einem geführten Pferd schließen wir die Augen, um herauszufinden, wie nachgiebig unser Körper werden muß, um die Bewegung auszusitzen. Auch freihändiges Reiten und Voltigierübungen erschließen uns immer neue Erfahrungsbereiche. Wir lernen zu akzeptieren, daß wir auf einem lebendigen Geschöpf sitzen und ihm genauso wie uns selbst vertrauen müssen.

Die richtige Sitztechnik und eine geschmeidige Körpermitte beweisen, wie wenig wir vom Zügel abhängig sind

Auf einen Blick

Die Gründe für die meisten Probleme beim Umgang mit Pferden und beim Reiten sind:

- nicht artgemäße Haltung,
- zu frühe Leistungsanforderungen und
- inkonsequentes Verhalten des Reiters.

Die häufigsten Probleme, die beim Geländereiten auftreten, sind:

- Schreckhaftigkeit und Scheuen,
- Durchgehen,
- Buckeln,
- Sattelzwang,
- Steigen und
- Kleben.

Ein Therapiekonzept verspricht Erfolg, wenn es:

- starre Verhaltensmuster behutsam „aufweicht“,
- dem Pferd Vertrauen und Arbeitsfreude wiedergibt und
- seine Leistungsgrenzen respektiert.

Bei der Überlegung, welches Pferd zu uns paßt, spielt der persönliche Geschmack eine große Rolle

Gibt es das ideale Pferd?

Pferde sind keine Wegwerfware!

„Wann bekomme ich endlich ein eigenes Pferd?" Unzählige Eltern müssen sich täglich mit diesem Wunsch auseinandersetzen. Wer sich für Pferde und fürs Reiten begeistert, sehnt sich eines Tages danach, von einem eigenen Pferd auf der Weide begrüßt zu werden! Rasse, Geschlecht, Alter und Leistungsstand des Tieres spielen in der Diskussion um das eigene Pferd zunächst kaum eine Rolle. Die Familie muß sich zusammensetzen und folgende Fragen diskutieren:

- Sind alle bereit, die *Verantwortung* für ein Pferd als neues Familienmitglied zu übernehmen – in guten wie in schlechten Zeiten?
- Wissen wir, daß Pflege und regelmäßige Bewegung des Pferdes *täglich mindestens zwei Stunden* beanspruchen, und zwar ausnahmslos auch an Sonn- und Feiertagen und in den Ferien? Wer erledigt das, wenn wir durch Krankheit ausfallen?
- Können wir uns die anfallenden *Kosten* für Stall, Futter, Ausrüstung, Tierarzt und Schmied auf lange Sicht leisten?

Pferdehaltung ist nicht nur kosten-, sondern auch arbeitsintensiv. Es fallen viele Handgriffe an, die mit dem Reiten nichts zu tun haben

- Jedes Pferd sollte *artgerecht gehalten* werden. Können wir ihm das bieten?

Das Pferd soll für viele Jahre unser Partner sein. Soll diese Partnerschaft auf einer stabilen Basis stehen, müssen wir alle Fragen mit einem eindeutigen „Ja" beantworten können.

Gefragt: Menschenfreundlichkeit und Nervenstärke

Flach angelegte Ohren und angriffslustiger Blick – auf diese Weise möchten wir von unserem Pferd nicht begrüßt werden! Vielmehr wünschen wir uns Beweise der Vertrautheit und Freundschaft, wenn wir uns dem Weidezaun nähern. Das ideale Pferd für jugendliche Freizeitreiter ist nicht mehr ganz jung und daher erfahren und nachsichtig im Umgang mit Menschen. Es ist schmiedefromm und läßt sich unproblematisch verladen. Sein Können gleicht unsere kleinen Fehler aus. Unterm Sattel ist es nervenstark und ausgeglichen, aber nicht stur und faul. Im Idealfall zeigt es

Nur wenn wir dem neuen Familienmitglied artgemäße Haltung bieten können, sollten wir uns für ein eigenes Pferd entscheiden

einen angenehmen Vorwärtsdrang und ist doch leicht zu regulieren. Es beherrscht die Lektionen der Dressurklasse A und springt kleinere Hindernisse ruhig und sicher. Solche Pferde machen Mut zu allmählich wachsenden Aufgaben: Freizeitreiterturnier und Herbstjagd, Pferderallye und Wanderritt.

Leider sind zuverlässige, gut ausgebildete und kerngesunde Pferde selten und ziemlich teuer. Pferde, die im Inserat als „lieb im Umgang, aber nicht für Reitanfänger“ oder „mit leichten gesundheitlichen Problemen, dennoch reitbar“ angeboten werden, sind nur für Reiter mit viel Erfahrung geeignet.

Nervenstarke vierbeinige „Könner“ motivieren jeden jungen Reiter, sich an neue Aufgaben zu wagen

Spielt die Rasse eine Rolle?

Bei der Frage nach der Pferderasse geht es häufig auch um die Überlegung: Pony oder Großpferd? Beide müssen artgemäß gehalten werden. Dabei sind Ponys meist unempfindlicher als Großpferde. Leider läßt sich die bei den sogenannten Primitivpferderassen schon übliche Offenstallhaltung nicht überall mit Großpferden realisieren.

Wer sich aus Haltungsgründen für ein Pony entscheidet, fragt sich oft, ob er es als Erwachsener noch reiten können wird. Die „Qualität“ eines Pferdes hängt natürlich niemals von seiner Widerristhöhe, dem sogenannten **Stockmaß,** ab. Urtümliche Ponys wie das Exmoor-Pony und die meisten Shetlandponys sind trotz ihrer geringen Stockmaßhöhe kräftig genug, um einen Erwachsenen zu tragen.

Kleine Pferde können durchaus kalibrig sein, wenn das Verhältnis der Knochenstärke zur Körpergröße stimmt wie bei diesen Bosniaken

Tragfähigkeit und Belastbarkeit hängen von Fundament und Kaliber eines Pferdes ab. Das **Fundament** ist die Grundlage des Körperbaus, also das ganze Skelett. Häufig wird der Ausdruck aber nur für die Gliedmaßen gebraucht. Die Bezeichnung „sauberes Fundament" steht dann für richtig proportionierte, gesunde Gliedmaßen ohne Stellungsfehler.

Als **Kaliber** bezeichnet man das Verhältnis von Knochenstärke zu Körpergröße. Ein fett gefüttertes Tier kann viel Gewicht auf die Waage bringen, ohne kalibrig zu sein. Kaliber bedeutet ein starkes Fundament, angenehme Proportionen bei nicht zu langen Linien, eine breite Brust und gute Gurttiefe. Exmoor-Pony, Shetlandpony, Welsh-Cob, Fjordpferd, Camargue-Pferd, der urtümliche Haflinger sowie viele Bosniaken und Isländer sind kalibrig und dadurch ausgezeichnete Gewichtsträger.

Große Reiter – kleine Pferde?

Ein kalibriges und dabei großrahmiges Pony läßt die Beine eines großen Reiters nur bis zu seinen Ellenbogen reichen.

Die Elterntiere und die gesunde Aufzucht haben große Bedeutung für die spätere Belastbarkeit eines Pferdes

Der Reiter kann die Schenkelhilfen wie auf einem Großpferd einsetzen. Kommt ein angenehm langer Ponyhals mit kräftig bemuskelter Oberlinie hinzu, freut sich der Reiter, „etwas vor sich" zu haben. Hinter kurzen, dicken Hälsen und kaum ausgeprägtem Widerrist fühlen wir uns unsicher. Ein wohlgeformter Widerrist verhindert, daß der Reiter dem Pferd auf der Schulter sitzt und die Vorderbeine zu stark belastet.

Doch selbst wenn die Reiterbeine fast bis an die Vorderfußwurzel des Ponys oder sogar bis an die Karpalgelenke reichen, kann sich das Wohlgefühl im Sattel einstellen. Allerdings nur, wenn Halslänge und -linie sowie Widerristausprägung stimmen und größter Wert auf einen beiden exakt

Ein erstklassiger Hufschmied hilft uns, nicht nur die Hufe, sondern den gesamten Bewegungsapparat unseres Pferdes gesund zu erhalten

passenden Sattel gelegt wird. Und wenn der Reiter lernt, mit der Schenkel-Kniepartie zu treiben, anstatt die Absätze vergeblich hochzuziehen!

Tragfähigkeit und Belastbarkeit eines Pferdes hängen außer von seinem **Exterieur**, also der äußeren Erscheinung, aber auch von den Elterntieren ab, denn Gliedmaßenfehlstellungen vererben sich und verringern die Belastbarkeit. Ebenfalls von großer Bedeutung sind die Aufzuchtbedingungen.

Nur im Herdenverband baut das Jungtier einen gesunden Bewegungsapparat auf! Das Einreitalter, die Fütterung, die Betreuung durch Tierarzt und Hufschmied, die artgemäße Haltung und der korrekte Beritt sind weitere wichtige Faktoren bei der Beurteilung der Eignung eines Pferdes für unsere Zwecke.

Das „ideale“ Pferd muß jeder Reiter für sich selbst finden. Wichtiger als Rasse und Größe sind liebevoller und konsequenter Umgang sowie artgemäße Haltung. Richtig behandelt, kann fast jedes Pferd zum „idealen“ Pferd werden!

Auf einen Blick

Wer sich ein Pferd anschaffen möchte, muß wissen:

- Pferdehaltung ist mit großer Verantwortung, viel Zeitaufwand und hohen Kosten verbunden.
- Nur bei Menschen, die alle diese Voraussetzungen erfüllen können und wollen, ist ein Pferd wirklich gut aufgehoben.
- Das ideale Pferd für jugendliche Reiter sollte nicht ganz jung, aber kerngesund und nervenstark sein und einen freundlichen Charakter besitzen.
- Je behutsamer und umsichtiger es ausgebildet wurde, desto weniger Probleme werden beim Umgang mit ihm und beim Reiten auftreten.
- Für welche Rasse wir uns entscheiden, hängt unter anderem auch von der möglichen Haltungsform ab.
- Die Größe eines Pferdes sagt niemals etwas über seine Eignung und Belastbarkeit aus.
- Viele Ponyrassen sind für Kinder, Jugendliche und Erwachsene gleichermaßen geeignet.

Spiel und Abenteuer gehören zur Freizeit mit Pferden. Wo was los ist, sagen uns Veranstaltungskalender und Pferdezeitschriften

Spaß an Veranstaltungen

So kommt man an Adressen

Die Entscheidung, reiten zu lernen, kann sich auf unser gesamtes Leben so auswirken, als würfe man einen Kieselstein mitten in einen Teich. Mit einem hörbaren „Plopp“ verschwindet er zwar im Wasser, doch sein Einschlag zaubert einen Kreis nach dem anderen auf die Wasseroberfläche.

Die Liebe zum Pferd verbindet unzählig viele Menschen zu einer großen Familie und bereichert unser Leben durch niemals langweilig werdende Erlebnisse und ständig neues Wissen. Um an möglichst viele Informationsquellen zu gelangen, können wir die Hilfe von vielen Organisationen in Anspruch nehmen, auch ohne daß wir uns sofort zu einer Mitgliedschaft entschließen müssen. Wir erfahren, wann und wo welche Veranstaltungen stattfinden und welche Voraussetzungen wir erfüllen müssen, um daran teilzunehmen. Auf Wunsch schicken uns die Organisationen auch Informationsmaterial über ihre Arbeit und ihre Zielsetzungen zu und teilen uns mit, zu welchen Bedingungen wir beitreten können.

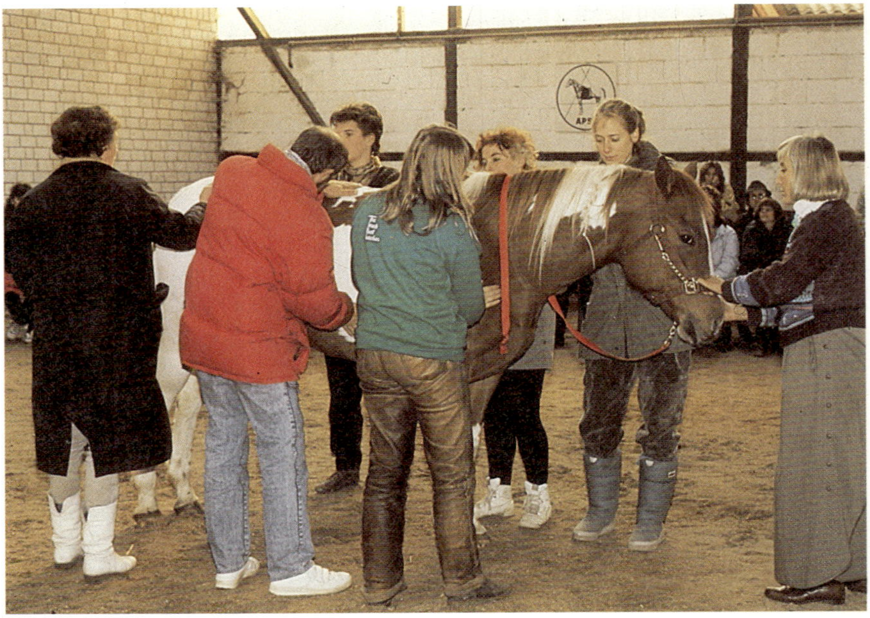

Wissen rund ums Pferd vermitteln Wochenend- und Ferienkurse

Hier sind die wichtigsten Adressen in Deutschland:

Deutsche Reiterliche Vereinigung e. V.
Freiherr-von-Langen-Straße 13
48231 Warendorf
Telefon: 0 25 81/6 36 20

Sie ist der Hauptverband für die Zucht und Prüfung deutscher Pferde und hat auch eine Abteilung, die für den Breitensport zuständig ist. Die meisten Reitvereine in Deutschland sind ihr angeschlossen.

Vereinigung der Freizeitreiter in Deutschland e. V.
Bahnhofstraße 5
25594 Vaale
Telefon: 0 48 27/5 58

Sie vertritt die Interessen der Freizeit-, vor allem der Gelände- und Wanderreiter in Deutschland, veranstaltet Freizeitreiterturniere, Sternritte, Kurse und Seminare zu vielen Themen rund ums Pferd.

Erster Trekking Club Deutschland e. V.
Bergmühle 12
84104 Rudelzhausen
Telefon: 0 87 54/4 85

Er ist der Deutschen Reiterlichen Vereinigung angeschlossen, nimmt aber speziell die Belange der Wanderreiter wahr, veranstaltet Trekkingritte und -wettkämpfe, Seminare und Lehrgänge.

Verein Deutscher Distanzreiter und -fahrer e. V.
Baumschule 4 – 6
49577 Ankum
Telefon: 0 54 62/81 15

Auch dieser Verein ist der Deutschen Reiterlichen Vereinigung angeschlossen. Er informiert über das Distanzreiten und -fahren und veranstaltet Distanzritte und -fahrten an jedem Wochenende bundesweit.

Erste Westernreiter Union Deutschland e. V.
Wallenbrücker Straße 24
49328 Melle
Telefon: 0 52 26/1 76 06

Hier ist jeder willkommen, der Informationen über das Westernreiten wünscht, eine gerade auch für das Gelände gut geeignete Reitweise. Die EWU – übrigens auch der Deutschen Reiterlichen Vereinigung angeschlossen – veranstaltet viele Kurse, Shows, Ritte und Turniere.

FS-Test-Zentrum Reken
Frankenstraße 37
48734 Reken
Telefon: 0 28 64/24 34

Dieses Freizeitreitzentrum lehrt die Leichte Reitweise nach Bruns-Behr. Ursula Bruns ist die bekannteste Fachfrau Deutschlands, die dem Freizeitreiten bei uns zum Durchbruch verhalf.

Mit der Hochschuldozentin Ingeborg Behr entwickelte sie ein pädagogisches Konzept, das auf kleinen und leicht nachvollziehbaren Lernschritten aufbaut. Außerdem veranstaltet das Zentrum Kurse unterschiedlicher Art.

Wanderreiter-Akademie
Fischerhof
56410 Reckenthal
Telefon: 0 26 02/1 85 07

Deutschlands bekanntester Wanderritt-Unternehmer Herbert Fischer gründete auf seinem Hof die erste Wanderreiter-Akademie Deutschlands. Dort finden während der Wintermonate Wochenendseminare statt, bei denen Fachdozenten alle Themen, die mit dem Wanderreiten in Zusammenhang stehen, ausführlich in Theorie und Praxis behandeln.

In Österreich und in der Schweiz kann man sich an folgende Adressen wenden:

Bundesfachverband für Reiten und Fahren
Prinz-Eugen-Straße 14
A - 1040 Wien
Telefon (von Deutschland aus): 00 43/1/50 58 36 30

Fédération Suisse des Sports Equestres (FSSE)
Postfach 232
CH - 3072 Ostermundingen 2
Telefon (von Deutschland aus): 00 41/31/9 31 56 24

Danksagung

Der besondere Dank der Autorin, die einen großen Teil der Fotos zu diesem Buch selbst lieferte, gilt den vielen jungen und älteren Reiterinnen und Reitern sowie ihren liebenswerten, geduldigen Pferden, die unermüdlich für die Kamera Modell ritten und standen – überwiegend in den unten genannten Reitbetrieben und Gestüten:

Bosniakengestüt Hainbuchenhof,
Charlotte Hainbuch, Wachtberg

Camargue-Pferde Gestüt „Liberté“,
Roselies Egert, Königswinter

Fischerhof, Herbert Fischer, Reckenthal

Forsthaus Tiergarten, Annette Klein, Deutsch Evern/Lüneburg

Freizeit-im-Sattel-Zentrum, Ursula Bruns, Reken

Gangpferdezentrum Aegidienberg, Walter Feldmann,
Bad Honnef

Genengerhof, Ulrich Brandt, Viersen

Trainingsstall Leckebusch, Petra Roth-Leckebusch, Nümbrecht

Islandpferde Plein, Eulenheckerhof, Helmut Plein,
Euskirchen-Kirchheim

Reiterhof Verholen, Erich Verholen, Wachtberg

Die Autorin

Christine Lange arbeitete nach ihrem Sprachenstudium als Übersetzerin und Journalistin. Sie veröffentlichte Lyrik, Kurzgeschichten und Erzählungen. Die Deutsche Reiterliche Vereinigung zeichnete sie mit dem „Preis für die beste Kurzgeschichte" aus. Christine Lange lebt als freie Autorin und Journalistin in Bonn-Bad Godesberg.

Bildnachweis

Gerhard Borggreve: S. 66, 95
Hans D. Dossenbach: S. 26, 63, 64, 106 oben, 107 oben, 110 unten, 112, 135
Manfred Heinker: S. 98
Carola von Hoyos: S. 53, 65, 102
Petra Kleinwegen: S. 117, 127 unten, 129 unten
Sabine Küpper: S. 24, 91, 107 unten, 115, 122 unten, 123 oben, 134, 137
Christine Lange: S. 9, 12, 13, 14, 15, 16, 17 unten, 18, 19, 23, 27, 31, 32, 33, 34, 40, 45, 46, 47, 49, 51, 54, 56, 57, 58, 59 unten, 62, 69, 71, 72, 76, 77, 78, 79, 80, 82, 83, 84, 87, 88, 89, 93, 94, 99, 100, 101, 103, 105, 106 unten, 108, 109, 110 oben, 113, 114, 118, 119, 120, 121, 122 oben, 123 unten, 124, 125 oben, 127 oben, 128, 129 oben, 130, 131, 132, 133, 136, 138, 139, 141, 142
Hardy Oelke: S. 125 unten
Edgar Schöpal: S. 17 oben, 21, 29, 38, 39, 48, 50, 59 oben, 61, 85, 97, 116
Gerlinde Schurr: S. 2/3, 150/151

SACHREGISTER

Sachbücher für Pferdefreunde

Das Abc des Reitenlernens – von der ersten Longenstunde bis zu einfachen Prüfungen und Wettbewerben. Ein Buch für die Praxis!

Alles über das Verhalten von Pferden, ihre Körpersprache und den richtigen Umgang mit ihnen. Der Schlüssel zum wahren Pferdeverständnis!

Ein Buch über die Entwicklung der verschiedenen Pferdetypen und die Beurteilung von Pferden. So lernt man Pferde besser kennen!

Alles rund ums Freizeitreiten – von der Ausrüstung über das richtige Verhalten im Gelände bis hin zu Reiterferien. Freizeitreiten – leicht und sicher!